Möge deine Zeit erfüllt sein von Freude

Worte, die begleiten

HERDER

FREIBURG · BASEL · WIEN

Sonderband 2006

Herausgegeben von Sylvia Müller und Ulrich Sander

Beiträge

Adalbert L. Balling
Katja Boehme
Dietrich Bonhoeffer
Phil Bosmans
Johannes Bours
Madeleine Delbrêl
Paul Deselaers
Peter Dyckhoff
Margaret Fishback-Powers
Frère Roger, Taizé
Anselm Grün
Rainer Haak
Irische Überlieferung
Papst Johannes Paul II.
Stefan Jürgens
Franz Kamphaus
Margot Käßmann
Karl Kardinal Lehmann
Anthony de Mello
Peter Modler
Antje S. Naegeli
Henri Nouwen
Huub Oosterhuis
Karl Rahner
Angela Rinn-Maurer
Anton Rotzetter
Dorothea Sattler
Ulrich Schaffer
Andrea Schwarz
Christa Spilling-Nöker
Pierre Stutz
Marjorie Thompson
Joachim Wanke
Gisela Zimmermann
und
Die Bibel

Vorwort

Die Zeit ist der Herzschlag unseres Lebens. „Ich brauche mehr Zeit für mich selbst“, eine Einsicht, oft viel zu wenig in die Tat umgesetzt. „Keine Zeit“, zwei hastige Worte, einem anderen im Vorübergehen zugeworfen. „Genießt eure Zeit“, ein Satz, Freunden mit auf den Urlaubsweg gegeben. „Die Zeit will aber auch gar nicht vergehen“, ein Stoßseufzer aus einem Krankenbett.

Die Zeit ist der Herzschlag unseres Lebens. „Alles hat seine Zeit“, sagt die biblische Weisheit, und sie hat Recht. Das Leben hat seine eigenen Rhythmen, die wir gestalten können. Manche Zeiten des Lebens erschließen erst in der Rückschau ihren Sinn. Es gibt Zeiten des Festes und der Freude, aber auch Zeiten, das Dunkle zu bestehen. Zeiten der Begegnung wechseln mit Zeiten der Stille. Zeiten für sich selbst sind nötig, ebenso wie Zeiten für Gott.

Die bekannten geistlichen Autorinnen und Autoren dieses Bandes helfen dabei, dem Leben seinen Herzschlag abzulauschen. „Nimm dir Zeit für dich selbst“, so lautet der Ratschlag des ersten Kapitels – zugleich eine freundliche Einladung an die Leserinnen und Leser dieses Buches, achtsam zu werden für das, was für jede und jeden von uns „an der Zeit“ ist. Zeit, das wissen nicht nur Eltern im Blick auf ihre Kinder, ist das größte Geschenk, das wir füreinander haben können (Kapitel 2). „Zeit ist unbezahlbar“, sagt Franz Kamphaus.

Zeit zu haben für das innere Kind, offen zu sein für unerwartete Begegnung, den Alltag loszulassen und die Zeit freizuräumen für ein Fest – viele Facetten haben die

Zeiten zum Glücklichsein (Kapitel 3). In ihnen wächst die innere Kraft, das Leben auch in schweren Zeiten zu bestehen (Kapitel 4). Was solche dunklen Strecken unseres Lebens tragen und einordnen hilft, ist der Ausblick auf die Ewigkeit und jene guten Mächte, die dem Wechsel der Zeiten standhalten (Kapitel 5). Es ist wichtig, mit ihnen in Zeiten der Stille in Berührung zu kommen (Kapitel 6).

„Alles hat seine Zeit", sagt die biblische Weisheit und sie weiß auch, welche Zeit die wichtigste ist: das Jetzt, in dem wir leben! Menschen, die schwere Zeiten hinter sich haben und denen das Leben neu geschenkt wurde, können das nur bestätigen: Der wichtigste Tag deines Lebens ist – heute (Kapitel 7).

Möge deine Zeit erfüllt sein von Freude – mit diesem Wunsch überreichen wir Ihnen dieses Buch. Gewiss werden nicht alle Tränen des Lebens Tränen der Freude sein. Aber zu jeder Zeit ist die Zeit das kostbarste Geschenk des Lebens an uns. Die Beiträge dieses Bandes von Frauen und Männern, Protestanten und Katholiken, sind alle auf ihre Weise eine Ermutigung, dem Herzschlag des eigenen Lebens nachzuspüren. Wer ihn hört und auf ihn hört, erfährt eine Freude, die über alle Wechselfälle des Lebens hinausreicht und bleibt.

Sylvia Müller
Ulrich Sander

Inhalt

2 *Zeit – das größte Geschenk für andere*

Erfüllte Zeit

einstimmen
ins Lob
voll Staunen
ob der Schöpfung

einschweigen
in die Stille
voll Ehrfurcht
ob des Lebens

einlieben
ins Sein
voll Liebe
ob des Geschaffenseins

einen Flügelschlag lang
ahnen
was Leben
ist

Andrea Schwarz

1

Nimm dir Zeit für dich selbst

Persönliche Zeit-Rechnung

Was nutzt es dem Menschen,
wenn er die ganze Welt gewinnt,
aber dabei seine Seele verliert?

Weisheit der Bibel
Matthäusevangelium 16,26

Einmalig Ich

Einmalig sein
meinen Platz finden
meinen Standpunkt einnehmen

Original sein
nicht Kopie
mir Jahr um Jahr Zeit geben
zum Wachsen

Monat für Monat dranbleiben
der Krone meines Reifens trauen
auch wenn sie vorerst
nicht sichtbar ist

Tag für Tag
ich selbst werden
meine Kraft nicht unterdrücken
über mich selbst hinauswachsen

Pierre Stutz

Mein Leben

Rainer Haak

Ich will nicht darauf warten, dass andere mir ein wenig Leben ermöglichen. Ich selbst darf leben, so wie ich es für richtig halte. Ich selbst darf Leben gestalten. Ich darf dem Leben eine Richtung geben. Ich darf mein Herz und die Fenster meiner Wohnung für das Leben öffnen. Ich darf das Leben bei mir willkommen heißen und erfahren, dass es wächst und immer echter und lebendiger wird.

Heute will ich so leben, wie ich es selbst für richtig halte. Ich will meine Vorstellungen von einem gelingenden Leben befreien von dem Ballast der Erwartungen anderer Menschen. Ich will meinen Glauben, meine persönlichen Hoffnungen und Wünsche, meine Verantwortung endlich ernst nehmen und mein Leben danach ausrichten. Ich habe mich entschieden, meine Lebensentscheidungen selbst zu treffen.

Ich brauche Orte, an die ich mich zurückziehen kann, um neue Kraft zu schöpfen. Ich brauche Zeiten, die reserviert sind für ein stilles Gebet oder für intensives Nachdenken. Ich brauche die Möglichkeit, zur Ruhe zu kommen, zweckfrei zu träumen, einen ausgedehnten Spaziergang zu unternehmen. Ich brauche solche Orte und Zeiten, weil ich mich davor bewahren will, innerlich auszubrennen.

Viele träumen vom Leben, statt zu leben. Wenn ich mein Leben lange genug hinausschiebe, wird es immer unwahrscheinlicher, dass ich es noch leben werde. Ich kann heute anfange, so zu leben, wie ich will. Ich kann heute Weichen stellen und Schritte in die neue Richtung tun. Und bald werde ich mich erstaunt fragen, warum ich nicht schon längst damit angefangen habe.

Zeit, um selbst zu leben

ANSELM GRÜN

Eine Frau erzählte mir von einem Mann, von dem sie nicht loskam, obwohl er sie ständig verletzte. Er habe sie so tief getroffen, weil er für sie die „Leichtigkeit des Seins“ verkörperte. Sie, die bisher immer ihre Pflichten erfüllt hat, die für ihre Familie gekämpft und gesorgt hat, war so fasziniert von der Leichtigkeit des Lebens, dass sie sich von diesem Mann auch nicht distanzieren konnte, als er eine andere Freundin hatte. Gegen solche Abhängigkeiten kann man sich oft kaum wehren. Sie zeigen, dass eine wichtige Seite in uns getroffen worden ist. Und diese Seite müssen wir versuchen zu leben und in unsern Lebensentwurf zu integrieren. Dann werden wir innerlich freier werden.

Aber es braucht oft lange Zeit, bis wir diese innere Freiheit gefunden haben. Doch wenn wir die Leichtigkeit nur spüren, wenn der andere da ist, sind wir abhängig von ihm. Wenn wir uns nur lebendig fühlen, wenn der andere in unserer Nähe ist, dann ist das gegen unsere Würde. Wir leben dann nicht aus uns heraus, sondern von der Gnade eines anderen ... Und solche Abhängigkeit ärgert uns, weil sie uns unsere Würde nimmt. Allerdings braucht es viel Geduld mit uns und unseren Gefühlen. Denn solche Freiheit lässt sich nicht mit einem bloßen Willensentschluss erringen. Sie steht vielmehr am Ende eines langen Prozesses.

In diesem Prozess des Freiwerdens geht es darum, dankbar anzunehmen, was der andere uns schenkt, und es immer mehr in das eigene Leben zu integrieren. Dann werden wir uns mehr und mehr selbst spüren und die Qualitäten in uns erfahren, die der andere in uns hervorgelockt hat.

Halte deine Zeit in Balance

Peter Dyckhoff

Denke daran, wie kostbar die Zeit ist und dass die verlorene Zeit nie wiederkommt. Bleibe im gesunden und mittebildenden Rhythmus von Ruhe und Aktivität, damit dein Leben hier und jetzt wie auch später gelingt.

Behandelst du dein Leben sowohl zur einen als auch zur anderen Seite nachlässig, schleicht sich Unbehagen ein, und du wirst es schlecht haben. Nimmst du aber immer wieder die tiefe Ruhe in dich auf und engagierst dich andererseits in dem, was deine Aufgabe ist, wirst du Frieden und Erfüllung ernten.

Die Gnade und die Liebe Gottes begleiten dich; sie machen jede Anstrengung leicht, schenken dir Lebensfreude und bewahren dich vor falschen Entscheidungen.

Nimm dir Zeit für deine Seele

Nimm dir Zeit zum Arbeiten,
dies ist der Preis des Erfolges.
Nimm dir Zeit zum Denken,
dies ist die Quelle der Kraft.
Nimm dir Zeit zum Spielen,
dies ist die Quelle ewiger Jugend.
Nimm dir Zeit zum Lesen,
dies ist die Grundlage der Weisheit.
Nimm dir Zeit zum Freundlichsein,
dies ist die Straße zum Glück.
Nimm dir Zeit zum Träumen,
dies ist ein Zug zu den Sternen.
Nimm dir Zeit zum Lieben und Geliebtwerden,
dies ist das Privileg der Himmlischen.
Nimm dir Zeit zum Lachen,
dies ist die Musik der Seele.
Nimm dir Zeit für deine Seele,
dies ist das Geheimnis des Lebens.

Nach irischen Segenswünschen

Dies ist die Zeit

Dies ist die Zeit, wo du nicht bist, wie andere sind.
Das Neue entsteht nur noch für dich,
und alles Alte, Wohlbekannte, fällt dir vom Leib
wie ein zerschlissenes Hemd.

Wo Wege sind, ist nicht dein Weg.
Wo Worte sind, füllt sich die Welt für dich mit Schweigen.
Wo Nahrung ist, erhält dich nur noch Fasten.
Wo andere fliehen, musst du nach vorne gehen.
Das Alter, das du gefürchtet hast,
ist jetzt dein Sommer, in dem die Seele barfuß tanzt.
Wo andere in der Nacht vergehen,
da blühst du auf im Licht,
und eine neue Wahrheit füllt dich mit Buntheit,
die du kaum erträgst.

Ulrich Schaffer

Zeit für die eigenen Quellen

Pierre Stutz

Je mehr ich gefordert bin, umso mehr brauche ich eine gute, gesunde Distanz zu den Ereignissen. Es gehört zur Tragik unserer westlichen Kultur, dass wir uns zu wenig Zeit nehmen, um Kraft zu schöpfen. Gerade in den Momenten unseres Lebens, in denen wir es besonders nötig haben, entziehen wir uns noch mehr der Möglichkeit des Auftankens.

Je mehr ich an meine körperlich-geistig-seelischen Grenzen komme, Panik mich einholt, umso mehr brauche ich die Kraft des Innehaltens, des Augenschließens, des tiefen Aufatmens. Nicht um hinter meinen Entfaltungsmöglichkeiten zu leben, sondern um vermehrt an meine Ressourcen (darin steckt das französische Wort source, Quelle) der Kreativität, des Mitfühlens, der Entschiedenheit zu gelangen …

Bei zunehmenden Sachzwängen und Belastungen verstärkt sich bei vielen die Gewissheit, jetzt sicher keine Zeit der Muße mehr zu haben. Die Gefahr ist groß, sich dadurch noch mehr in den Ereignissen zu verlieren und gelebt zu werden. Darum weisen Mystikerinnen und Mystiker der verschiedenen Religionen auf einen anderen Weg hin. Sie ermutigen, sich in Zeiten hoher Belastung erst recht Oasen der Stille, des Rückzugs zu schaffen, damit ich daran wachsen und reifen kann und nicht zerbreche.

„Fang damit an, dass du über dich selbst nachdenkst, damit du dich nicht selbstvergessen nach anderem ausstreckst! Was nützt es dir, wenn du die ganze Welt gewinnst und einzig dich verlierst? Keiner ist weise, der nicht über sich selbst Bescheid weiß. Ein Weiser muss zunächst in Weisheit sich selbst kennen und als Erster aus dem eigenen Brunnen Wasser trinken“, schrieb Bernhard von Clairvaux

(1090–1153). In einem Interview mit einem Studentenpfarrer lese ich, dass es in der Nachfolge Jesu schließlich nicht um Selbstwerdung gehe, sondern um Selbstlosigkeit. Diese Trennung kann ich nicht mehr nachvollziehen, seit ich eine mystische Spiritualität entdeckt habe.

Selbsterkenntnis ist für den berühmten Dichtermönch aus Clairvaux kein Sonntagsspaziergang, sondern eine anspruchsvolle Lebensaufgabe, um sich nicht zu verlieren in den vielen Aktivitäten und um auch mit durchkreuzten Lebensplänen umgehen zu können … Die Kraft dazu muss nicht allein aus mir selbst kommen, sondern im täglichen Schöpfen aus dem göttlichen Brunnen in mir kann ich mich entfalten und mich einsetzen für eine menschlichere Welt.

Erkenne dich selbst
finden den Zugang zu deinem inneren Brunnen
damit du nicht auf deine Mängel fixiert bleibst
sondern deine Entfaltungsmöglichkeiten entdeckst

Erkenne dich selbst
wage den Weg in deine eigene Tiefe
wo du erahnst was wesentlich ist im Leben
damit du Grenzen setzen kannst
zum Wohl der Gemeinschaft

Erkenne dich selbst
suche einen wohlwollenden Umgang mit dir
damit du in deinen Schwächen
jene Stärken erkennst
die dich befreiter im Leben stehen lassen

Erkenne dich selbst
lerne auszudrücken was du brauchst
um dich lösen zu können von dir selbst
im Erahnen wie du aufgehoben bist
in einem größeren Ganzen

Erkenne dich selbst
schaffe Distanz zu den Ereignissen
erfahre im tiefen Ein- und Ausatmen
den alles verbindenden Atem Gottes.

Wer regiert mein Leben?

Warum, Herr, sollte ich zufrieden sein
mit so wenig?
Viele Menschen um mich herum
kennen ihre Zukunft schon
Jahre im Voraus.
Ihre größte Unsicherheit liegt darin,
dass ihre Rente geringer werden könnte
als geplant.
Die Lebenskraft wird fein dosiert,
gut aufgehoben für besondere Gelegenheiten.

Das kannst du nicht gemeint haben, Herr,
als du uns geschaffen hast!
Hast du uns nicht zu Königen
unseres Lebens gemacht?

Lass mich eintauchen
in den Fluss deiner Energie,
der nie versiegt

Peter Modler

Die einen leben,
die anderen üben nur.
Inge Meysel
in dem Film „Das vergessene Leben"

und in den Wanten
pfeift der Wind

treu gewesen
und mich doch
herausfordern lassen

es immerhin probiert
und am Scheitern
nicht zerbrochen

manchmal
Boden unter den Füßen haben
und sich erden

manchmal
dem Himmel entgegenfliegen
mich in den Wind stellen

dem Stern trauen
und ihm nachgehen
und mich nicht verlieren

mich in eine Ecke verkriechen
und der Traurigkeit
Raum geben

meine Angst erkennen
ihr vertrauen
und ihr Grenzen setzen

mich hingeben
bedingungslos
und doch zurückschrecken

meinem Ärger
Worte geben
und es damit abhaken

mich erinnern
gelegentlich darunter leiden
und es doch für wichtig halten

tanzen
allem Tod zu Trotz
und gleichzeitig weinen

lachen
mit Tränen in den Augen
und mich spüren

sehnsüchtig sein
mehr wollen
mehr sein

und mich doch
nach Ruhe sehnen
und Geborgenheit

nach ankommen
und aufbrechen

und sein
und gehen

und manchmal
sekundenlang

in mir
Heimat spüren

und all dies
Gott hinhalten

Ihm geben
damit er es verwandelt

mich ihm geben
damit er mich verwandelt

gelebt
und nicht zu wenig

Andrea Schwarz

2

Zeit – das größte Geschenk für andere

Besser gemeinsam

Besser sind zwei dran als ein Einzelner.
Kommen zwei nämlich zu Fall,
kann der eine dem anderen wieder aufhelfen.
Legen zwei sich zusammen nieder,
so wird ihnen warm;
aber einem Einzelnen,
wie soll es ihm warm werden?
Und wenn jemand einen Einzelnen überwältigt,
so sind ihm zwei gewachsen,
und eine dreifache Schnur reißt nicht.

Weisheit der Bibel
Kohelet 4,9–11

Heute nehme ich mir Zeit für dich

Heute nehme ich mir Zeit für dich:
Ich entfliehe meinen Ausreden
und stelle mich innerlich ganz auf dich ein.
Du bist mir wichtig
in allem, was du mir zu sagen wagst,
und in dem, was ich von dir
in deinem Schweigen erahne.
Heute schenke ich mich dir
in all meiner Aufmerksamkeit,
meiner Liebe und meinem Mitgefühl.
Heute bin ich einfach nur
für dich da.

Christa Spilling-Nöker

Zeit zum Zuhören

Frère Roger, Taizé

Warum ist den einen bewusst, dass sie geliebt werden, während andere nichts davon wissen?

Wenn einem jemand zuhört, werden Verletzungen aus der näheren oder ferneren Vergangenheit gelindert. Von hier kann die Heilung der Seele ihren Ausgang nehmen.

Hinhören auf das, was dem anderen bei sich selbst weh tut. Zu verstehen versuchen, was er auf dem Herzen hat – und allmählich lässt sich selbst in einer leidvoll aufgewühlten Erde die Hoffnung auf Gott ausmachen oder wenigstens die Hoffnung auf Menschlichkeit.

Wer einen anderen begleitet und ihm zuhört, wird bisweilen, von seinem Gegenüber unbemerkt, selbst zum Wesentlichen geführt.

Zuhören, immer wieder zuhören … Wer sich ein Leben lang in Einfühlung übt, vermag die Menschen, die sich anvertrauen, mit wenigen Worten zu begreifen. Wer auf diese Weise hinhört, kann zu einer umfassenden Sicht des Menschen gelangen, der zugleich Unzulänglichkeiten und Ausstrahlung, Abgründigkeiten und Erfüllung in sich hat.

Augenblicke der Liebe

Karl Rahner

Irgendwo hat auch der normalste Ablauf eines spießigen Lebens von Alltagssorge seine Augenblicke, in denen gewissermaßen dieser Betrieb Halt macht, Lücken und Risse erhält, die Blicke ins scheinbar Leere, in Wirklichkeit aber Unendliche gestatten. Ab und zu ereignen sich eben doch vermutlich in jedem Menschenleben Augenblicke, in denen die nüchterne Alltagsliebe, die kaum von vernünftigem Egoismus unterschieden werden kann, plötzlich vor die Alternative gestellt wird zu lieben ohne Lohn, zu vertrauen ohne Rückversicherung. In solchen Augenblicken steht dann die Freiheit des Menschen vor der Alternative, entweder vorsichtig feige zu sein und sich zu versagen oder in einem kühnen Vertrauen wirklich zu lieben im eigentlichen Sinne des Wortes. Ein solches Wunder unendlicher Freiheit und Liebe und also Brüderlichkeit kann sich mitten in dem banalen Alltag ereignen. Darin mag die Absprungsrampe (wenn man das so Gemeinte so nennen darf) sehr schmal sein und sich kaum merkbar aus der Plattheit des Alltags erheben. Aber diese Kleinigkeiten (biblisch: das Glas Wasser für den Durstigen) – das gute Wort am Krankenbett, der Verzicht auf einen kleinen schäbigen Vorteil auch dem gegenüber, dessen Egoismus einen rasend macht, und tausend andere Lappalien des Alltags – können die bescheidene Leistung sein, durch die hindurch die eigentliche Gesinnung der selbstlosen Bruderliebe sich vollzieht, die eigentliche Tat des Lebens wird. Der christliche Glaube hat die Überzeugung, dass nur die Liebe zu Gott und zu dem Menschen, die mehr als ein Gebot und eine Pflichtübung ist, den Menschen ins Heil bringt, dass sie das Ganze des Gesetzes und der Propheten bedeutet.

Sich kümmern

PHIL BOSMANS

Ich muss nicht meinen, mit der Liebe sei ich fertig, wenn ich über die Leute um mich herum nur freundlich denke. Wenn ich mich ruhig verhalte, keinem zu nahe komme. Wenn ich keinem etwas Böses tue und jeden leben lasse. Wenn bei mir alles wohl versorgt und gut gesichert ist unter der gläsernen Glocke meiner privaten Sphäre. So leiste ich meinen Beitrag zu der großen Gleichgültigkeit, durch die das Miteinander von uns Menschen verkümmert.

Will ich wirklich lieben, muss ich mich um andere kümmern: aufmerksam, einfühlsam, erfinderisch.

Ich muss mich kümmern zuerst um die Menschen in meiner Nähe, die meiner Sorge anvertraut sind, mit denen ich unter einem Dach wohne, mit denen ich jeden Tag zusammenarbeite, mit denen ich gemeinsam auf dem Weg des Lebens bin.

Sich um andere Menschen kümmern, das reißt mich aus meiner Enge heraus. Ich darf mich davor nicht drücken, auch dann nicht, wenn meine schönen eigenen Pläne, wenn meine Ruhe und Behaglichkeit dadurch gestört werden.

Sich um andere kümmern ist die Frucht von echter Liebe. Es kann schwer fallen und weh tun, aber es führt wunderbare Gaben mit sich. Es bringt Leben und Farbe in mein Dasein und manchmal, in glücklichen Augenblicken, ein Gefühl ermesslicher Dankbarkeit. Es ist ein Vorgeschmack vom Paradies.

Zeit ist unbezahlbar

FRANZ KAMPHAUS

Auf dem Regal in meinem Arbeitszimmer steht eine Sanduhr. Von Zeit zu Zeit hole ich sie näher auf den Schreibtisch. Es ist heilsam, sie anzuschauen. Frühere Generationen haben mit der Sanduhr die Zeit gemessen. Heute haben wir Quarzuhren. Bis auf die Sekunde genau geben sie die Zeit an. Man muss sie nicht umdrehen wie eine Sanduhr oder aufziehen wie eine mechanische Uhr. Sie laufen nicht ab, sie laufen immer weiter – endlos. Nach modernem Empfinden ist die Zeit denn auch ein gleichbleibendes Kontinuum: Es geht immer so weiter.

Aber wir machen doch auch ganz andere Erfahrungen: Ein Tag geht zu Ende, ein Jahr, ein Jahrtausend, unser Leben. Unsere Zeit ist befristet. Und nicht nur unsere persönliche Lebenszeit hat ein Ende, sondern die Zeit überhaupt. Das hatten die Menschen früher unmittelbar vor Augen, wenn sie auf die Sanduhr schauten – wie auf den Bildern des Barock. Der Sand rinnt aus dem oberen Glas ins untere. Die Zeit verrinnt, wird weniger. Sie läuft ab. Sie geht nicht unendlich lang, ist endlich. Die Zeit ist ein begrenzter Vorrat an Jahren, der uns geschenkt ist.

Was machen wir mit der geschenkten Zeit? Wir können sie versilbern: Zeit ist Geld. Wir können sie vertreiben oder vertun, wir können sie gar totschlagen. Und wir können sie weiterschenken. Wir können anderen Zeit schenken … Haben wir Zeit dafür?

Die Zeit hat etwas mit dem Glauben zu tun, weil Gott etwas mit der Zeit zu tun hat. Gott hat Zeit. Er hat sich Zeit gelassen, sich in die Zeit eingelassen. In Jesus Christus ist er unser Zeit-Genosse geworden. Mit ihm ist die Zeit erfüllt. Sie hat ihre Mitte gefunden. Daran können wir uns halten.

Wir brauchen nicht die Flucht nach vorn anzutreten; wir brauchen nicht vor der Gegenwart davonzulaufen. Er ist unser Zeitgenosse, auch jetzt in dieser unserer Zeit, die seine Zeit ist.

Jesus hat nur kurze Zeit unter uns gelebt. Aber er hat diese Zeit gelebt wie jemand, der genug davon hat. Er hat sie unbesorgt verschenkt, so freigebig, dass er nun schon Jahrhunderte Zeitgenosse unzählig vieler Menschen geworden ist und sein wird.

Das Beste, was wir mit der Zeit machen können? Wir können sie verschenken. Wir können anderen Zeit schenken: den alten Menschen, den Kindern. Zeit ist Geld? Zeit ist unbezahlbar. Zeit ist mehr Gabe als Geld, wir können sie zur Gabe machen. Sie kann eines der kostbarsten Geschenke werden. Denn mit der Zeit geben wir nicht etwas, sondern uns selbst.

Zeit für Gäste

MARJORIE THOMPSON

„Vergesst die Gastfreundschaft nicht; denn durch sie haben einige, ohne es zu merken, Engel beherbergt" (Hebräerbrief 13,12). Gastfreundschaft bedeutet: den Anderen aus innerstem Herzen heraus bei sich in der Wohnung aufnehmen. Dazu gehört, dass man sich um die Bedürfnisse und das Wohlergehen des anderen mit all der Offenheit, dem Respekt, der Freiheit, Behutsamkeit und Freude kümmert, wie sie die echte Liebe auszeichnet. Unsere „Wohnung" kann ganz wörtlich unser Zimmer, unsere Mietwohnung oder unser Haus bedeuten. „Wohnung" kann aber auch ein Bildwort sein für den „Raum" der Gedanken und Gefühle. Von daher kann Gastfreundschaft auch bedeuten, andere in unsere innere Welt einzuladen und mit ihnen unsere Ansichten und Gefühle zu teilen. Wer für andere innerlich offen ist, gewährt ihnen Raum zum Spielen, Fragen-Stellen und Sich-Unterhalten; lässt ihnen Raum, um gehört zu werden und sich so zu offenbaren, wie sie es möchten.

Gastfreundschaft ist eine Ausdrucksform von Liebe. Sie bedeutet, dass man den Gast ins Beste hereinlässt, was man selbst geschenkt bekommen hat. Ich teile mit dem Gast nicht nur, was ich habe, sondern auch, wer ich bin.

Gastfreundschaft beginnt „daheim". Die Beziehungen innerhalb der eigenen Familie sind der erste Ort, an dem sich die Kunst der christlichen Gastfreundschaft bewähren muss. Unsere Kinder sind nicht unser persönlicher Besitz, sondern eigenständige Wesen, die sich in unserem Heim aufhalten. Gott hat sie während ihrer Jahre des Aufwachsens unserer Obhut anvertraut. Zur familieninternen Gastfreundschaft gehört es ganz wesentlich, dass man einander Sicherheit und Liebe schenkt. Doch die Sicherheit erhält im

Lauf der Zeit ihr immer stärkeres Gegengewicht in der Freiheit, die man den Kindern einräumt, entsprechend ihrer Fähigkeit und ihrem Entwicklungsstand.

Eltern bieten ihren Kindern ein gastliches Heim, indem sie wirklich für sie da sind, also ihnen Zeit widmen zum Zuhören, Bestätigen, Anleiten und Korrigieren. Im häuslichen Leben ist es eine der wichtigsten Ausdrucksformen der Gastfreundschaft, sich diese Zeit zum Zuhören und Miteinander-Sprechen zu nehmen, vor allem in unseren gegenwärtigen Verhältnissen, wo Zeit das höchste Gut ist.

Die Qualität der Gastfreundschaft innerhalb der Familie wirkt sich ganz entscheidend auf die Gastfreundschaft aus, die man Menschen von außerhalb gewähren kann. Unsere Gastfreundschaft wurzelt und gründet in Gottes Gastfreundschaft für uns in Christus. Erst wenn wir diese Liebe ganz tief in unserem Herzen erfasst haben, bekommen wir den Mut und das Vertrauen, anderen auf mehr als nur oberflächliche Weise unsere Gastfreundschaft zu gewähren. In dem Maß, in dem wir es lernen, uns auf Gottes Gastfreundschaft einzulassen, werden wir unsererseits gastfreundlicher für Gott, füreinander und für unsere Mitgeschöpfe. Die anderen werden dann bei uns etwas ungemein Anziehendes entdecken.

Miteinander Ewigkeit spüren

Da sein
Raum und Zeit sind wie aufgehoben
Momente des Glücks
bewohnen mich ganz

Mich vergessen
in der Hingabe an das Leben
Minuten des Glücks
erfüllen mich zutiefst

Miteinander eintauchen
in die Kraft der Ewigkeit
Stunden des Glücks
verbinden mich mit allem Sein

Pierre Stutz

Kostbare Zeit

Brief von Dietrich Bonhoeffer an seine Braut Maria von Wedemeyer aus der Haft in Tegel vom 20. Sept. 1943

Liebste Maria!
Morgen fängt nun der Herbst an. Als in den letzten Wochen die Leute schon dann und wann vom frühen Herbst sprachen, mochte ich dieses Wort garnicht hören. Der Wechsel der Jahreszeiten wird einem hier schwerer als draußen. Ihr werdet jetzt in den späten Abendstunden und wieder vor Tagesanbruch viel im Walde auf den Wildkanzeln sein. Ich liebe die Herbstmorgen mit ihren Nebeln und dem langsamen Durchbrechen der Sonne so sehr. Aber ich weiß, wo Du jetzt auch sein magst, Du wartest jeden Tag und jede Stunde mit mir. Es wird allmählich ein Warten, dessen äußeren Sinn ich nicht begreife; den inneren Sinn muß man täglich neu finden. Es ist uns beiden durch die vergangenen Monate unendlich viel genommen worden; Zeit ist heute das kostbarste Gut; denn wer weiß, wieviel Zeit ihm noch geschenkt ist. Und doch weigere ich mich zu denken, daß es verlorene Zeit war und ist, in der wir getrennt sind, weder für jeden einzelnen von uns noch für uns beide zusammen. Wir sind in anderer Weise zusammengewachsen als wir es wohl gedacht und gewünscht haben, aber es sind auch andere Zeiten und werden wohl noch lange solche Zeiten bleiben, in denen alles darauf ankommt, daß man im Letzten eins ist und zueinander steht. Dein Leben wäre sehr anders geworden, leichter, übersichtlicher, einfacher, wenn unsere Wege sich nicht vor einem Jahr gekreuzt hätten. Aber es sind eigentlich nur kurze Augenblicke, in denen mir dieser Gedanke zu schaffen macht. Ich glaube, daß nicht nur ich, sondern auch Du in Deinem Le-

ben an den Punkt gekommen bist, an dem wir uns begegnen mußten. Nach einem leichten Leben hatten wir imgrunde beide kein Verlangen, so sehr wir uns gewiß beide an den schönen und frohen Stunden des Lebens freuen können und heute wohl auch eine große Sehnsucht nach solchen Stunden haben. Aber das Glück liegt, glaube ich, für uns beide an einer anderen, verborgeneren Stelle, die manchem unverständlich ist und bleiben wird. Imgrunde suchen wir beide Aufgaben, bisher jeder für sich, von nun an aber gemeinsame Aufgaben. In denen werden wir erst ganz zusammenwachsen – wenn Gott uns die Zeit dazu schenkt. –

Dietrich Bonhoeffer

Eine Zeit zu lieben

Liebe fragt nicht
ob gelegen
oder ungelegen
es ist Zeit

sie fragt nicht
nach Hoffnung
und Zukunft
es ist Zeit

sie fragt nicht
nach der Meinung
der anderen
es ist Zeit

sie kommt
mit Rosen
und mit Tränen
es ist Zeit

sie kommt
und du kannst dich
nicht wehren
es ist Zeit

es ist Zeit
dich der Liebe zu geben
Leben zu spüren
Liebe zu leben

Andrea Schwarz

Berufen zu lieben

Henri Nouwen

Als ich kürzlich in den Spiegel schaute, entdeckte ich betroffen, wie sehr ich meinem leiblichen Vater gleichsah. Während ich meine eigenen Gesichtszüge betrachtete, sah ich plötzlich den Mann, den ich gesehen hatte, als ich siebenundzwanzig Jahre alt war, den Mann den ich ebenso bewundert wie kritisiert, ebenso geliebt wie gefürchtet hatte. Es hatte viel von meiner Lebenskraft gebraucht, um mein eigenes Selbst im Gesicht dieses Menschen zu finden, und viele meiner Fragen, wer ich sei und wer ich werden sollte, waren davon geprägt, dass ich der Sohn dieses Menschen war. Als ich plötzlich diesen Menschen im Spiegel erscheinen sah, war ich von dem Bewusstsein überwältigt, dass all die Unterschiede, die mir Lauf meines Lebens bewusst geworden waren, im Vergleich zu den Ähnlichkeiten so klein erschienen …

Ich kann nicht immerzu Kind bleiben; ich kann nicht andauernd auf meinen Vater wie auf eine Entschuldigung für mein Leben zeigen. Ich muss es wagen, meine eigenen Hände zum Segen auszustrecken und meine Kinder mit uneingeschränktem Erbarmen zu empfangen, ganz gleich, was sie über mich denken oder fühlen. Da es das letzte Ziel des geistlichen Lebens ist, der „barmherzige Vater" zu werden, wie es sowohl im Gleichnis Jesu (Lukasevangelium 15,11–32) als auch in Rembrandts Bild („Rückkehr des Verlorenen Sohnes") ausgedrückt ist, muss ich nun zu ergründen suchen, was das alles bedeutet …

Jesus will deutlich machen, dass der Gott, von dem er spricht, ein Gott des Erbarmens ist, der reumütige Sünder voller Freude in seinem Hause aufnimmt. Sich mit Leuten von schlechtem Ruf zusammensetzen und mit ihnen essen widerspricht daher nicht seiner Lehre über Gott, sondern heißt vielmehr die Konsequenz dieser Lehre im täglichen Leben verwirklichen. Wenn Gott den Sündern vergibt, dann sollen die, die an Gott glauben, sicherlich dasselbe tun. Wenn Gott barmherzig ist, dann sollen die, die Gott lieben, sicherlich ebenso barmherzig sein ...

Mehr noch: Wie der Vater im Himmel zu werden ist nicht nur ein wichtiger Gesichtspunkt der Lehre Jesu, es ist das eigentliche Herz seiner Botschaft. Die Jahre meines Lebens gehen dahin, und ich merke mehr und mehr, wie mühselig und anstrengend es ist, in diese geistliche Vaterschaft hineinzuwachsen. Rembrandts Gemälde schließt jeden Gedanken aus, dass sie irgendetwas mit Macht, Einfluss oder Kontrolle zu tun hat. Ich mag einmal die Illusion gehabt haben, die vielen hohen Herren würden eines Tages verschwunden sein und dann würde ich endlich selbst der hohe Herr sein. Aber das ist der Weg der Welt, in der die Hauptsache Macht ist. Und es ist nicht schwierig zu sehen, wie jene, die sich in ihrem Leben hauptsächlich bemühten, ihre Vorgesetzten loszuwerden, nicht sehr viel anders als ihre Vorgänger werden, wenn sie schließlich an deren Stelle treten. Geistliche Vaterschaft hat nichts mit Macht oder Kontrolle zu tun. Es ist eine Vaterschaft des Erbarmens. Und ich muss unentwegt den Vater vor Augen haben, der den Verlorenen Sohn umarmt, um einen Schimmer davon zu begreifen.

Gegen meine besten Absichten und Vorsätze ertappe ich mich dabei, wie ich ständig Macht zu erringen suche. Wenn ich einen Rat gebe, möchte ich wissen, ob er befolgt wird; wenn ich Hilfe leiste, erwarte ich Dank; wenn ich Geld gebe, wünsche ich, dass es nach meinen Vorstellungen verwendet wird; wenn ich etwas Gutes tue, möchte ich, dass man es merkt. Ich will vielleicht kein Standbild und nicht einmal eine Gedenktafel, aber ich bin ständig darauf bedacht, dass ich nicht vergessen werde, dass ich irgendwie in den Gedanken und Taten anderer weiterlebe.

Aber der Vater des Verlorenen Sohnes ist nicht auf sich selbst bedacht. Gibt es einen Weg zu dieser geistlichen Vaterschaft? Oder bin ich dazu verurteilt, meinem Bedürfnis nach einem Platz in meiner Welt verhaftet zu sein und so darin verstrickt zu bleiben, dass ich mich jedes Mal und immer wieder der Autorität der Macht statt der Autorität des Erbarmens bediene? Ich muss darauf vertrauen, dass ich der „Vater“ zu werden vermag, der zu sein ich berufen bin.

Als der „Vater“ muss ich vom Glauben erfüllt sein, dass alles, was des Menschen Herz begehrt, zu Hause gefunden werden kann. Als der „Vater“ muss ich von dem Bedürfnis frei sein, unruhig hierhin und dorthin zu gehen und versäumte Gelegenheiten von früher, aus der Kindheit, nachzuholen. Als der „Vater“ muss ich es wagen, die Verantwortung eines geistlich erwachsenen Menschen zu übernehmen; ich muss das Vertrauen wagen, dass wirkliche Freude und wirkliche Erfüllung nur in Folgendem zu finden sind: jene zu Hause willkommen heißen, die auf dem Weg ihres Lebens verletzt und verwundet wurden, und sie mit einer Liebe aufnehmen, die keine Bedingungen stellt, die nichts als Entgelt verlangt.

So deutlich ich meine wahre Berufung, ein „Vater“ zu sein, sehe, so unmöglich scheint es mir, ihr nachzukommen. Ich will nicht zu Hause bleiben, während alle, ob nun von ihren vielen Begierden oder ihren vielen Verärgerungen angetrieben, fortgehen. Aber wer wird dann zu Hause sein, wenn sie zurückkommen – müde, erschöpft, aufgeregt, enttäuscht, voller Schuld oder Scham? Wer wird sie überzeugen, dass es nach allem, was gesagt, getan und geschehen ist, doch einen Ort der Geborgenheit gibt, zu dem sie zurückkehren können und an dem sie in die Arme geschlossen werden. Wenn ich es nicht bin, wer wird es sein?

3

Eine Zeit zum Glücklichsein

Lebensvoll

Gott ist in seine Welt gekommen,
damit die Menschen das Leben haben
und es in Fülle haben.

Weisheit der Bibel
nach Johannesevangelium 10,10

Leben in Fülle

Überborden will ich
von Leben
Überfließen
von Freude
und tanzen nach Deinem Rhythmus

In allen Tönen will ich
singen
In allen Farben
malen
und jauchzen mit Deinem Chor

Dein Wort will ich
hören
Deine Feste
feiern
und springen in Dein Land

Anton Rotzetter

Feste feiern

Anselm Grün

Wenn alle Zeiten gleich sind, dann werden sie sinnlos. Wenn der Sonntag zum Alltag wird, dann verdirbt das auch den Alltag, dann wird auch der Alltag leer und öde und verliert seinen Sinn. Das heute weit verbreitete Gefühl der Sinnlosigkeit rührt sicher auch ein Stück davon her, dass man keine Feste mehr feiern kann, die aus der Zeit herausgehoben sind, Feste, an denen etwa Größeres durchbricht, an denen der Sinn des Ganzen durchscheint, weil man sich von Gott berührt weiß. Vom Fest fällt Licht auch auf die übrige Zeit. Sie bekommt eine andere Qualität …

Der Mensch durchbricht in der Feier bewusst seinen Alltag, um ihn dann wieder neu bewältigen zu können. In der Feier trinkt er von der Quelle des Lebens. Da taucht er ein in das eigentliche Geheimnis seines Lebens, das sich im Anlass des Festes darstellt: etwa in der Geburt eines Menschen, in seiner Hochzeit oder in wichtigen Ereignissen aus der Geschichte seines Volkes …

So ist das Festefeiern lebensnotwendig, es schenkt uns die Kraft, die wir brauchen, um unser Leben zu meistern. Aber wir können nicht beliebig Feste feiern. Ein eigentliches Fest ist nur, wenn wir davon leben können, wenn etwas zur Sprache kommt, das uns eine neue Sicht unser selbst und unseres Lebens, ein neues Daseinsgefühl schenkt.

Für die Alten gab es ein echtes Fest nur, wenn Gott und seine Taten gefeiert wurden … Sie wollten im Feiern einer Gottestat wieder zu echten Menschen werden, zu Menschen, die um ihre Würde wissen, um ihre Wurzeln, um ihre Möglichkeiten, zu Menschen, die nicht in der Vergessenheit leben und in der Aktivität des Alltags vertrocknen.

Das Fest des Lebens

Rainer Haak

Das Fest des Lebens ist nicht einigen wenigen vorbehalten. Es gilt nicht nur für junge, dynamische Menschen. Das Fest des Lebens kostet keinen Pfennig Eintritt. Es ist frei für alle. Er kennt keine Mitgliedschaft, keine Ehrenmitglieder. Das Fest des Lebens beginnt in dem Augenblick, wenn ich meine Liebe zum Leben entdecke und mich auf dieses Leben ganz einlasse.

Wie lange wollte ich mich schon mit einer guten alten Freundin treffen! Aber ständig war so viel zu tun.

Wie gern würde ich endlich mal wieder ins Theater gehen!

Und auch zum Wandern bin ich schon lange nicht mehr gekommen!

Ich will nicht warten, bis ich Zeit habe. Dann warte ich vielleicht umsonst. Ich will einfach tun, worauf ich mich so lange gefreut habe.

Und plötzlich habe ich Zeit.

und ganz einfach
glücklich

ich bin
ich spür mich
fühl mich
lebendig

Fäden
verweben sich
Wurzeln finden
Boden

Hingabe
wird zur Aufgabe
und Gabe
zum Auftrag

ein Traum
bekommt Gesicht
und spiegelt sich
in Gesichtern

Fragen
werden zur Antwort
und die Suche
beheimatet sich

unter meinen Füßen
wächst der Boden
in meinen Händen
reift die Zukunft heran

und ich
bin
und
werde

ganz einfach
glücklich

Andrea Schwarz

Zeit fürs innere Kind

Marjorie Thompson

Das Kind in uns allen braucht das Spielen, vom Geschichtenerzählen bis zum Campingabenteuer.

Wir brauchen Zeiten bloßen Herumalberns und Ausgelassenseins, Zeiten für einen Schuss „göttlicher“ Verrücktheit, damit das Ferment der Leichtigkeit den Teig unseres Lebens durchsetzt.

Lachen und Spielen lassen die Seele aufgehen.

Jeden Tag Sonne

Nimm jeden Tag als Gabe entgegen,
als ein schönes Geschenk
und wenn es geht, als ein Fest.
Steh morgens nicht zu spät auf.
Schau in den Spiegel, lach dich selber an
und sage zu dir selbst: „Guten Morgen!“
Dann bist du schon in Übung,
um auch anderen „Guten Morgen!“ zu sagen.

Wenn du die Zutaten von „Sonne“ kennst,
kannst du sie selber machen,
so gut wie das tägliche Essen.
Nimm eine große Portion Güte,
dazu einen ordentlichen Schuss Geduld,
Geduld mit dir selbst und mit anderen.
Vergiss die Prise Humor nicht,
um Misserfolge zu verdauen.
Mische ein gehöriges Maß Arbeitslust hinein
und gieße über alles ein großes Lächeln,
und du hast jeden Tag Sonne.

Phil Bosmans

Unerwartete Begegnung

Pierre Stutz

Nach einer intensiven Lesereise setze ich mich in den vordersten Wagen des Zuges, der von München nach Zürich fährt. Beim Kontrollieren der Fahrkarten sagt mir der Zugführer: „Sie haben diesen Wagen ganz für sich allein, niemand anders ist da!“ Ganz erstaunt schaue ich um mich herum. Es ist wirklich so. Ich genieße die Ruhe und schlafe kurz danach ein. Irgendwann höre ich die Stimme einer Frau, die mich mit folgenden Worten aus dem Schlaf weckt:

„Ich lebe mein Leben in wechselnden Ringen,
die sich über die Dinge ziehen.
Ich werde den letzten vielleicht nicht vollbringen,
aber versuchen will ich ihn.“

Kalt läuft es mir den Rücken hinunter: Wo bin ich? Träume ich? Spinne ich? – Nach einigen zögernden Momenten richte ich mich auf und entdecke eine junge Frau im Waggon. Sie muss irgendwann zugestiegen sein, ohne dass ich es bemerkt habe. Sie sitzt da und liest halblaut Gedichte von Rainer Maria Rilke aus seinem „Stundenbuch“. Sie ist ganz bei sich und lässt sich auch durch meinen staunenden Blick nicht beirren. Sie liest sich (und nun auch mir) Gedichte vor. Wie im Film komme ich mir vor. Ein Lächeln begleitet mich auf dieser spannenden Reise. Die Zeit geht vorbei in einem Zuge!

Wohnen überall

Wohnen überall, kein Zuhaus,
Erde, meine Erde, mein Mutterhaus,
fallende Sterne, den Mond bleichen sehn,
Menschen, die aufstehn, ins Leben gehen –
Menschen viel Glück.

Wohnen überall, kaum Zuhaus,
Handel und Wandel von Haus zu Haus,
feilschen und handeln in Wahrheit und Wahn
wagen, gewinnen und weiterfahrn –
Menschen viel Glück.

Wohnen überall, fast Zuhaus,
Erde, mein Himmel, mein Vaterhaus,
steigende Sterne, des Monds heller Schein
Menschen fällt träumend die Stimme ein –
Menschen viel Glück.

Huub Oosterhuis

4

In schweren Zeiten

Aussaat und Ernte

Die in Tränen säen,
sie werden ernten in Freude.
Weinend gehen sie dahin,
sie gehen und streuen den Samen.
Doch kommen sie wieder mit Jauchzen,
sie kommen und bringen ein
ihre Garben.

Weisheit der Bibel
Psalm 126,5–6

Ich wünsch dir einen Engel

Ich wünsch dir einen Engel,
der dich tröstet, wenn du traurig bist.
Der um deine Einsamkeit weiß,
zu dir kommt und dich aushält.
Der dich versteht und dir zuhört.
Der mit dir redet, wenn es nötig ist,
aber auch im richtigen Augenblick
schweigen kann.
Der dich in seine Arme nimmt,
dessen Wärme dir einfach gut tut.
Der dir die Gewissheit gibt,
geliebt zu sein.
Der dich fühlen lässt,
von Engelsflügeln umgeben zu sein –
Hoffnung wächst ganz zaghaft.

Gisela Zimmermann

Die gute Kraft in schweren Zeiten

JOHANNES BOURS

Wir alle kennen Zeiten, in denen es so aussieht, als wanderten wir durch eine tiefe, dunkle Schlucht. Wir denken, lange kann es so nicht mehr weitergehen – ob ich noch einmal herauskomme?

Einmal habe ich eine Zeit lang mit jemandem zusammenarbeiten können, bei dem ich es erlebte, wie er eine schwere Zeit mit einer erstaunlichen Durchhaltekraft bestand. Später habe ich ihn einmal danach gefragt. Seine Antwort verstand ich zunächst nicht ganz, er sagte: „Man muss in solchen Zeiten und Entscheidungssituationen die gute durchgehende Grundlinie seines Lebens wahrnehmen. Jeder Mensch hat es schon erlebt, wie er durch schwierige Krisenzeiten hindurchgekommen ist. Da gab es Hilfe von außen, da gab es aber auch – und das wird wichtiger sein – Hilfe aus dem eigenen Leben von innen her. Man muss sich daran erinnern: Was war da, in dieser schwierigen Situation in meinem eigenen Wesen, das mir geholfen hat, durchzuhalten? Jeder hat in sich einen guten Grundzug, eine gute Grundleitlinie, Grundanlage seines Wesens: Diesen tiefsten guten Grundzug erspüren und aufkommen lassen und darauf zu leben versuchen – das ist es!

In Rilkes Requiem findet sich der Vers: „Wenn ich mich nachts zurückzieh in meines Herzens letzte, ärmste Kammer …" Ja, in meines Herzens letzte, ärmste Kammer: Weiß ich denn nicht aus meiner Erfahrung, dass in manchen Lebenskonflikten mir von dorther eine Kraft zukam, die mir half, das „Unlösbare" zu lösen? Es gibt auch eine hilfreiche Treue zu sich selbst! Diese Treue zu sich selbst hat eine tiefe Berechtigung. Denn in meines Herzens letzter, ärmster Kammer wartet eine gütige Kraft, die nicht aus mir selbst kommt, sondern Geschenk ist. Da, wo ich auf dem Grund meiner Armut angekommen bin und mich zu ihr bekenne, da strömt mir eine Hilfe entgegen, die die eigentliche Kraft meines Wesen und damit meines Lebensgrundzugs, meines guten Kontinuums ist.

Johannes XXIII., der aus dieser Kraft gelebt hat und daraus Freiheit und Gelassenheit schöpfte, sagt aus dieser Erfahrung: „Gott weiß, dass ich da bin, und das genügt mir.“ In solchem Glaubensvertrauen steckt zutiefst und zuletzt die Begründung und Berechtigung für den Vorschlag, in dunklen Zeiten sich zu fragen: Was ist die gute durchhaltende Grundlinie meines Wesens, was ist das gute Kontinuum? Was ist die gute Kraft in mir, die mir schon oft geholfen hat, einen Lebenskonflikt zu bewältigen?

Drei Dinge, um zu überleben

ADALBERT LUDWIG BALLING

Ich erinnere mich an ein kurzes Gespräch mit Nelson Mandela. Es war kurz nach seiner Freilassung – nach 27 Jahren Inhaftierung durch die Apartheidregierung von Südafrika. Was mich am tiefsten beeindruckte, war die menschliche Reife dieses Mannes.

Als ich ihn unter vier Augen fragte, wie er es bloß geschafft habe, trotz der langen und schweren Jahre, die weitaus meisten davon in Einzelhaft, ohne Hass und Bitterkeit zu überleben, und was ihm dabei geholfen habe, nicht bitter zu werden, da antwortete er nach kurzem Zögern (ich zitiere aus dem Gedächtnis) etwa so:

„Ich hatte ein Ziel. Ich hatte gute Freunde, die auf mich warteten. Und ich hatte meinen Glauben. Ohne meine christliche Überzeugung hätte ich es nicht geschafft."

Auch wenn die Zeiten hart sind …

Möge die Härte dein Herz
niemals zu Stein verwandeln,
wenn die Zeiten auch hart sind.
Mögest du niemals vergessen,
auch wenn dich Schatten umgeben:
Du gehst nicht allein

Irischer Segenswunsch

Die Flügel lahm

Die Flügel lahm
und die Arme schlaff am Körper

Die Freude fort
und die Lust schon längst verflogen

So fühl ich mich
So bin ich heute

Gott

Lass mich fliegen vor Lust
und die Arme in den Himmel werfen vor Freude

Anton Rotzetter

Der weiterführende Weg

Peter Dyckhoff

Es gibt Zeiten, in denen du glaubst, von Gott verlassen zu sein. Es gibt Zeiten, in denen dir die Mitmenschen viel zu schaffen machen. Und wiederum gibt es Zeiten, in denen du dir selbst im Wege stehst und dir zur Last wirst. Diese Phasen in deinem Leben können für dich zu einem Kreuzweg werden, den du weder abschütteln noch umgehen kannst. Im Hinblick auf das Ziel – die Erlösung und die Befreiung von allem Leid – wirst du ihn bis zu seinem Ende durchstehen können. Doch schon mitten auf diesem Weg wirst du spüren, dass jemand anderer dein Kreuz mitträgt und hier bereits durch ihn Wandlung geschieht. Und was und wer wirst du erst einmal sein, wenn die Last und die Qual des Kreuzes von dir abgefallen sind, und du Wandlung erfahren hast? Du bist Christus und seinem wahren Wesen näher gekommen und gestaltest dein Leben neu – noch tiefer und inniger verbunden mit ihm.

Doch eines wisse: Du kannst nur reifen, in deiner Persönlichkeitsentwicklung Fortschritte machen und dem Geheimnis des Lebens auf die Spur kommen, wenn du durch Hingabe an Gott „stirbst“ und dich von ihm auferwecken lässt zu neuem Leben. Sage Ja zum Geheimnis des Glaubens, ohne es intellektuell ständig durchdringen zu wollen. Sage Ja zu dir selbst, zu dem, was hinter dir liegt, zu dem, wovon du dich trennen musstest, und vor allem zu dem, was dich an Wunderbarem erwartet.

Wohin du auch gehst, du nimmst dich selbst mit. Und was und wo du auch suchst, du findest dich selbst. Wende dich aufwärts, wende dich abwärts, wende dich nach außen, wende dich nach innen: Überall und in allem begegnet dir die Sehnsucht nach Erlösung und die Chance, an einer Kreuzung den richtigen, weiterführenden Weg zu finden.

Solltest du diese Erfahrung bisher noch nicht grundlegend gemacht haben, so halte die Zusage Jesu Christi, dir in Not und Gefahr besonders nahe zu sein, nicht für eine auf ferne Zukunft hinweisende Hoffnung. Er möchte dich schon jetzt aus der Gefangenschaft deiner engen Vorstellungswelt und deines kleinen Ego befreien, dich sehender machen für die Wunder und Schönheiten der Schöpfung und dich stärken, dass du auf dich zukommende Belastungen tragen kannst. Wenn du dich der Quelle der Liebe in dir öffnest, wird dir kein Unheil mehr etwas anhaben und dich vom Weg mit Christus abbringen können.

Mit dieser anziehenden Kraft der Liebe Gottes wirst du einerseits einen tieferen Einblick in die Abgründe der Welt gewinnen, andererseits aber so gefestigt sein, dass du für dich selbst und für andere zu einer festen Brücke über den Abgrund wirst. Du hast es gelernt – und das ist das stärkste Mittel gegen das Leid, die Angst und die Dunkelheit –, dich selbst anzunehmen und zu ertragen.

Aus dieser Verbundenheit mit dem Höchsten bist du fähig geworden, dich vom Leid nicht gänzlich niederdrücken zu lassen, sondern Gegenkräfte zu entwickeln, die zum Heil führen. Der Schöpfer wendet sich dir auch inmitten der Verschattungen deines eigenen Herzens zu und erfüllt dich mit seiner lichtvollen Gnade.

In Wehen liegen

Paul Deselaers / Dorothea Sattler

„Wir wissen ja, dass die gesamte Schöpfung bis jetzt seufzt und in Wehen liegt“ (Paulus, Römerbrief 8,22). Das Erleben einer Geburt ist sehr unterschiedlich für die werdende Mutter, den heute zumeist anwesenden Vater, die Ärzte – und das Kind. Lange kann sich gerade bei einer ersten Geburt das Geschehen hinziehen. In Wellen überfallen die Schmerzwehen die Frau. Vorbereitet ist sie darauf. Sie weiß darum, dass nur durch die Wehen hindurch ein Wesen ans Tageslicht gelangen kann, zu atmen und zu rufen beginnt. Die Bereitschaft zum Aushalten beieinander und füreinander ist erforderlich …

Paulus schreibt einen Brief an die Gemeinde von Rom, die sich in einer mit Israels Situation auf der Wüstenwanderung vom Sklavenhaus Ägypten zum gelobten, verheißenen Land Kanaan vergleichbaren Situation befindet. Ernüchterung tritt ein, je länger und von Versuchungen bedrohter der Weg in die Freiheit ist. Erste Anfeindungen und Verfolgungen deuten sich an. Werden die Getauften ihren Zweifeln standhalten? Auch Gebärenden wird es so ergehen: In mancher Schmerzwelle sinkt die Zuversicht, die glückliche Geburt stehe bald bevor.

Paulus tröstet die Gemeinde in Rom mit der Gabe des Geistes Gottes in diesem bewegenden Geschehen der Geburt der neuen Schöpfung. Es ist der emotional bewegte Atem (hebräisch „ruach“), der in der Bibel dazu dient, die Wirksamkeit des Geistes Gottes zu beschreiben. Bei schmerzhaften Wehen ist der Atem der gebärenden Frau in starker Bewegung. Im Atem der Gebärenden ist nach Paulus die Situation der Schöpfung vor ihrer Vollendung anschaulich zu betrachten: Gottes Geist bewegt zum Gebären der guten Schöpfung. In den Wehezeiten sind noch Bedrängnisse zu erfahren: Schmerzen, die auf das Unvollendetsein der Geburt hindeuten. Noch immer gibt es Beeinträchtigungen der Lebensgrundlagen vieler Geschöpfe: Hunger und Durst, Dürre- und Flutkatastrophen, Krankheiten, Obdachlosigkeit, Arbeitslosigkeit, Klimaveränderungen und mehr noch an Unheil. Wie all dies sich einmal zum Guten wenden wird? Paulus gibt die Hoffnung nicht auf. Jedes neugeborene Kind ist eine Zustimmung zu dieser Zuversicht.

Indem Paulus im Gleichnis der Geburt von Gott und Geschöpf spricht, sagt er auch: die Wehen, in denen die Schöpfung noch immer liegt, das schmerzliche Durchleiden des Weges in das wahre Licht und die wahre Freiheit, sind eine Gabe Gottes an die Schöpfung. Gott möchte uns als für das Leben verantwortliche Wesen – auch wenn wir unter dieser Last seufzen. Denn worin läge die Alternative? Nur als Freie sind die Geschöpfe Erlöste und befähigt, Gottes Größe in Andeutungen ansichtig werden zu lassen. Bis zur vollen Erkenntnis der Lichtgestalt Gottes bedarf es noch Zeiten des Ausharrens in geduldiger Hoffnung.

manchmal
besucht mich
meine Traurigkeit

gestern Abend
war sie
wieder da
meine Traurigkeit

sie hatte sich
nicht angemeldet
hatte nicht
an der Tür geklopft

plötzlich stand sie
einfach da
und schaute mich
nur an

und ich
schaute weg
wandte
mich ab

aber sie
kennt mich
kennt mich gut
meine Traurigkeit

sie ist da
schaut mich an
und berührt mich

und zittern
stehe ich still
und lass mich
berühren

lass
mich

von meiner Traurigkeit
umarmen

und umarme
meine Traurigkeit

Andrea Schwarz

Vom Leben lernen

Rainer Haak

Leben ist nicht nur leicht. Leben besteht nicht nur aus Festen, großen Erfolgen und Höhepunkten. Wer dies erwartet, wird eine Enttäuschung nach der anderen erleben.

Leben ist oft sehr schwer. Leben besteht auch aus Niederlagen und dunklen Stunden. Das eine ist Leben und das andere ist Leben. Und oft entscheidet sich die Qualität meines Lebens daran, wie ich mit den dunklen Stunden umgehe. In der Schule hat der Lehrplan diktiert, was ich zu lernen hatte. Trotzdem habe ich vieles nicht gelernt, was für mein Leben wichtig gewesen wäre. Heute wird mein Lehrplan vom Leben geschrieben: Ich kann lernen und wachsen durch jedes Problem, dem ich mich stelle, durch jeden Fehler, den ich mache, durch jede Krankheit, die ich annehme, und jedes Hindernis, das sich mir in den Weg stellt.

Warum wohl sind einige Menschen dankbarer und glücklicher als andere? Sie haben nicht mehr als jene, weder mehr Besitz noch größere Fähigkeiten. Aber sie wissen das zu schätzen, was sie haben. Sie sehen nicht mehr als andere, aber sie sehen mit dem Herzen. Sie haben nicht mehr Zeit in ihrem Leben als andere. Aber sie nutzen ihre Zeit für das, was ihnen wichtig ist. Sie nutzen ihre Zeit zum Leben.

Schatten der Vergangenheit

Anselm Grün

Für mich ist ein Satz des Apostels Paulus in meiner persönlichen Situation entscheidend geworden: „Ich vergesse, was hinter mir liegt. Und ich strecke mich aus nach dem, was vor mir liegt" (Philipper 3,13). Ich habe diesen Satz manchmal den Kursteilnehmern angeboten, um mit ihm ein Ritual des Begrabens und Loslassens auszudrücken. Die Kursteilnehmer sollten alles aufschreiben, was sie als Ballast mit sich herumschleppen. Das können alte Verletzungen sein. Das können Schuldgefühle sein, mit denen sie sich zerfleischen, Selbstvorwürfe, mit denen sie immer um alte Fehler kreisen. Das können manchmal auch Beziehungen sein, die man nur aus Pflichtbewusstsein aufrechterhält. Alles, was uns belastet, sollen wir wie Paulus vergessen und vergraben.

Ich habe die Teilnehmer eingeladen, die Zettel mit allem, was sie aufgeschrieben haben, zusammenzuknüllen und dann mit den Worten des heiligen Paulus in eine Schale zu werfen. Danach haben wir dann die Zettel alle gemeinsam verbrannt. Bei vielen haben die Worte des Apostels eine tiefe Erschütterung hervorgerufen. Sie haben gespürt, dass es nicht so einfach ist, Altes loszulassen und sich auszustrecken nach dem, was vor ihnen liegt, nach dem, was Gott ihnen jetzt zutraut. Zugleich haben sie es als befreiend erfahren, Altes zu begraben, damit sie weiterlaufen können auf ihrem Weg, der sie zum Ziel führt.

Was möchtest du hinter dir lassen und begraben? Wonach möchtest du dich ausstrecken?

Eines Nachts

Eines Nachts hatte ich einen Traum.
Ich ging am Meer entlang mit meinem Herrn.
Vor dem dunklen Nachthimmel
erstrahlten, Streiflichtern gleich,
Bilder aus meinem Leben.
Und jedes Mal sah ich zwei Fußspuren im Sand,
meine eigene und die meines Herrn.
Als das letzte Bild an meinen Augen
vorübergezogen war, blickte ich zurück.
Ich erschrak, als ich entdeckte,
dass an vielen Stellen meines Lebensweges
nur eine Spur zu sehen war.
Und das waren gerade die schwersten
Zeiten meines Lebens.
Besorgt fragte ich den Herrn:
„Als ich anfing, dir nachzufolgen,
da hast du mir versprochen,
auf allen Wegen bei mir zu sein.
Aber jetzt entdecke ich,
dass in den schwersten Zeiten meines Lebens
nur eine Spur im Sand zu sehen ist.
Warum hast du mich allein gelassen,
als ich dich am meisten brauchte?“
Da antwortete er:
„Mein liebes Kind,
ich liebe dich und werde dich nie allein lassen,
erst recht nicht in Nöten und Schwierigkeiten.
Dort, wo du nur eine Spur gesehen hast,
da habe ich dich getragen.“

Margaret Fishback Powers

Zeit, um aufzustehen

Verbannte, sie kommen
mit leuchtenden Garben nach Hause.
Die gingen in Trauer
bis zum Ende der Erde,
hin auf immer, allein –
vereint kehrn sie wieder zurück.
Wie Bäche voll Wasser,
wie Bäche voll sprudelndem Wasser,
brausend herab von den Bergen.
Mit Lachen und Jauchzen –
die säten in Tränen,
kehrn wieder mit Lachen und Jauchzen.

Der Tote wird leben.
Der Tote wird hören: Nun lebe.
Zu Ende gegangen,
unter Steinen begraben:
Toter, Tote steht auf,
es leuchtet der Morgen.

Huub Oosterhuis

5

Kleines Lob der Ewigkeit

Alles hat seine Zeit

Gott macht alles und jedes
vollkommen zu seiner Zeit,
und er hat die Ewigkeit
in das Herz der Menschen gelegt.

Weisheit der Bibel
nach Kohelet 3,11

Das Rad steht still

Ich glaube an die Ewigkeit Gottes,
die in unsere Zeit,
in meine Zeit
hineingekommen ist.

Unter dem ermüdenden Auf und Ab der Zeit
wächst schon heimlich
das Leben,
das keinen Tod mehr kennt.

Es ist schon da,
es ist schon in mir,
eben dadurch, dass ich glaube.
Wie wenig muss ich tun,
damit das Rad von Geburt und Tod
in der wahren Wirklichkeit
stille steht.

Karl Rahner

Ewigkeit im Jetzt

Anselm Grün

Zeit und Ewigkeit fallen im Augenblick zusammen. Wenn wir ganz im Augenblick sind, dann steht die Zeit still. Jeder hat vermutlich schon die Erfahrung gemacht, dass er fasziniert einen Sonnenuntergang betrachtet hat. Und er hat dabei gar nicht gemerkt, wie die Zeit vergangen ist. Wenn wir uns ganz intensiv auf etwas einlassen, vergessen wir die Zeit, da hört die Zeit auf, da sind wir nur noch reiner Augenblick, reine Gegenwart. Das ist dann die Ahnung der ewigen Sabbatruhe, an der wir jetzt schon teilhaben.

So sieht es schon Augustinus, wenn er über die Ruhe des achten Tages, des Auferstehungstages, nachdenkt. Für ihn ist der achte Tag der Tag, an dem wir teilhaben an der ewigen Sabbatruhe Gottes. Das ist für ihn das Ziel seiner Sehnsucht, dass er mitten in der Zeit schon teilhabe an der Ewigkeit. Erst dann kommt seine Seele wahrhaft zur Ruhe. Mitten in der Unruhe seiner Zeit sehnt sich Augustinus nach der Ruhe, in der mitten in der Zeit die Ewigkeit Gottes schon anwesend ist, in der Zeit und Ewigkeit zusammenfallen.

Solche Erfahrungen absoluter Ruhe, in denen Zeit und Ewigkeit zusammenfallen, können wir machen, wenn wir in der Betrachtung einer Blume, einer Landschaft, eines Gemäldes aufgehen. Wenn wir ganz im Schauen sind, dann gibt es keinen Unterschied mehr zwischen Schauer und Beschautem, dann fallen beide in eins zusammen. Und dann hört auch die Zeit auf. Oder wir können solche Ruhe erahnen, wenn wir einen langsamen Satz von Bach oder Mozart hören, wenn wir ganz Ohr sind, uns von nichts ablenken lassen, ganz im Hören aufgehen. Dann berühren wir mitten in der Zeit die Ewigkeit, dann hört im Hören die Zeit auf.

Manchmal geht es uns auch im Lesen so. Wir lesen ein Buch. Auf einmal berührt uns etwas. Wir können nicht weiterlesen. Wir bleiben stehen, ohne darüber nachzudenken. Wir sind einfach da.

Das Paradox ist, dass so ein Zusammenfallen von Zeit und Ewigkeit immer an eine sinnliche Erfahrung gebunden ist. Gerade in der Materie wird der Geist erfahren, im Raum das Raumlose, in der Zeit das Zeitlose. Wenn ich ganz in meinen Sinnen bin, dann bin ich auch ganz präsent, dann erfahre ich absolute Ruhe. Ich kann mich von der Sonne bestrahlen lassen und die Wärme der Sonne in meiner Haut spüren. Wenn ich ganz in meiner Haut bin, dann kommt der unruhige Geist zur Ruhe, dann ist der Geist ganz in meiner Haut. Er ist nicht mehr im Kopf, in dem er immer nur Unruhe erzeugt. Er lässt sich ein in die Sinne und kommt in ihnen zur Ruhe. Dann ist wieder diese Erfahrung der Einheit. Geist und Sinne werden eins, Zeit und Ewigkeit.

Gebet im Wechsel der Zeiten

Unstillbar,
Gott,
ist mein Verlangen nach Geborgenheit.
Aber das Haus, in dem ich wohne,
ist nicht mein.
Einmal werde ich gehen müssen.
Die Menschen, mit denen ich mein Leben teile,
gehören mir nicht.
Schon hat der Tod Beziehungen ausgelöscht,
in denen ich zu Hause war.
Es ist ungewiss, ob meine Freunde von heute
auch morgen meine Freunde sein werden.
Mein Arbeitsplatz ist nicht
für alle Zeit gesichert.
Einmal werde ich alt werden,
und meine Schaffenskraft wird erlahmen.
Es kann geschehen, dass ich eines Tages
nicht mehr geben kann,
sondern nur noch nehmen muss.

Lass mich beizeiten lernen,
dass ich im Tiefsten nur bei dir zu Hause bin.
Gott, du mein Vater, du meine Mutter:
Was auch geschehen mag:
Ich bin dein.

Antje S. Naegeli

Sich bergen im Mantel der Ewigkeit

Angela Rinn-Maurer

Die Stunde vor Sonnenaufgang ist die dunkelste Stunde der Nacht. In dieser besonderen Stunde denke ich an alle, die die Nacht schlaflos verbracht haben und nun sehnsüchtig auf den Morgen warten. Ich denke an alle, die in dieser Nacht geweint haben, an die, die voller Angst die Nacht erlebt haben und nun alle Hoffnung auf den Morgen richten. Die Stunde, die manchen Menschen kostbar ist in ihrer dunklen Verschwiegenheit, in ihrer Einsamkeit, sie ist anderen eine Last. Wer kennt das nicht: Nächte, die sich nach dem Morgen sehnen, weil sie schier unerträglich ausgedehnt sind in ihrer Einsamkeit. Wenn es scheint, als ob die Nacht kein Ende nimmt. Da kann ich wohl ins Zweifeln kommen: wird es überhaupt noch hell werden, oder ist die Dämmerung nur Vorbote einer neuen Nacht?

Mehr als einmal habe ich erlebt, dass Menschen in diesem stillen Moment gestorben sind, in dem die ersten Vorboten des Lichts den Himmel erhellen. So wurde diese Stunde zu ihrer Stunde. Die Lichtstreifen am Himmel erscheinen wie Vorboten der Ewigkeit und die verschwommenen Konturen der Bäume wie eine Auslegung dessen, was Paulus im ersten Korintherbrief sagt: „Ich erkenne jetzt nur stückweise, dann aber werde ich erkennen, so wie ich erkannt bin" (1 Korinther 13,12).

Die Stunde vor der Dämmerung, die ersten Strahlen des Lichts, sie erzählen uns: Die Nacht ist vorgerückt, der Tag aber nahe herbeigekommen. Es ist jetzt Zeit, gute, segensreiche Zeit, aufzustehen, geistlich aufzustehen, um gerüstet zu sein. Sind wir wohl schläfrige Christen, die nicht mehr sehnsüchtig auf das Licht warten? Oder sind wir schon so traurig, dass wir die Hoffnung auf die Morgendämmerung verloren haben? Kann es sein, dass wir Lichter anzünden, weil wir keine Geduld mehr zum Warten in der Dunkelheit haben? Doch das Warten gehört dazu. Wir können die Zeit des Wartens in der Dunkelheit nicht überspringen, sondern müssen sie aushalten. Und Vorsicht ist geboten, weil uns die Überzahl an Lichtern das Gefühl für die Dunkelheit nehmen kann – und damit auch das Gespür für die nahende Dämmerung.

Die Stunde vor der Dämmerung. Was rüstet uns für den kommenden Tag? Was kann uns angemessen kleiden? Im Angesicht der Ewigkeit haben wir nichts, was uns kleiden könnte, keine einzige angemessene Robe findet sich im Schrank. Eher ist es schon so, dass wir manches Kleid ablegen möchten, das an uns klebt wie eine zweite Haut. Alle unsere dunklen Seiten, unsere lichtscheuen Gedanken, sie kleben an uns wie Pech. Es klebt so sehr, dass es uns fast zerreißen will, wenn wir sie ausziehen wollen. Dazu sind wir belastet mit allem, was uns das Herz schwer macht in der Dunkelheit. Um unsere Brust schlingt sich die Angst wie ein zu enger Gürtel. „So lasst uns ablegen die Werke der Finsternis", heißt es im Römerbrief des Apostels Paulus (Römer 14,12). Um frei und bereit zu werden für ein neues Kleid. Ein Gewand, das uns rüstet für die Dämmerung. „Lasst uns anlegen die Waffen des Lichts". Deshalb müssen Altlasten weggeschafft werden: „Seid niemandem etwas schuldig" (Römer 13,8). Niemand soll Anspruch erheben dürfen auf die, die nur einem Herrn gehören. Nichts soll sie im Bett alter Gewohnheiten fesseln können. Sie sollen frei sein, um aufzustehen in der Stunde, auf die es ankommt …

Mit den ersten Lichtstrahlen zeigen sich die Konturen: Wir sind nicht allein. Wir warten nicht allein, wir sind viele, die die alten Kleider abgelegt haben, die sich haben befreien lassen von dem, was sie zurückziehen will in die Dunkelheit.

Unsere Gesichter erkennen wir mit dem zunehmendem Licht, sie gewinnen Konturen. Wir sind nicht allein.

Sind wir angemessen gekleidet, wenn die Sonne kommt? Ich vermag nichts zu entdecken, was ihrem Licht standhalten kann. Die Sonnenscheibe, die sich über den Horizont schiebt, strahlt so hell, dass die Augen es nicht aushalten, ihre Strahlen entlarven unbarmherzig alle Falten und Narben unserer Seelen. Was hüllt uns da barmherzig ein? Dem Licht kann nur das Licht standhalten. So wird unser Herr für uns selbst zum Kleid. „Zieht an den Herrn Jesus Christus" (Römer 13,14). Der, der gesagt hat: Ich bin das Licht und das Leben, der wird uns zum Kleid. In der Angst der Dunkelheit, nach lang durchwachter Nacht, in der wir vor Weinen kaum zum Schlafen kamen, in der Düsternis eines einsamen Zimmers, aber auch in der sprungbereiten Freude der zauberhaften Stunde vor der Dämmerung, hält ER sich für uns bereit. Er breitet seinen Mantel weit aus, und wir dürfen uns einhüllen in die Falten seines Gewandes, in dieses Kleid, das Platz genug hat für uns und für viele. Er zieht uns ein bergendes Gewand an, einen Mantel der Liebe, der uns schützt bis zum Morgen. Es mag kalt sein, dunkel und schwer – in ihm können wir warten, in ihm sind wir geborgen bis zum strahlenden Tag.

In Gottes Hand

Margot Kässmann

„Himmel und Erde werden vergehen, meine Worte aber werden nicht vergehen“ (Markus 13,31). Wir sind so oft gefangen im Hier und Jetzt: der Himmel, den wir sehen, die Erde, die wir erleben. In manchen Momenten aber erahnen wir: das ist nur ein Teil, nur ein Ausschnitt, da ist viel, viel mehr. Mein Leben ist begrenzt. Im Jahr 2002 hat der japanische Künstler On Kawara bei der Documenta-Ausstellung moderner Kunst in Kassel zwei Schauspieler in einem Glaskasten die Jahreszahlen von 998031 vor Christus bis 1969 und 1996 bis 1001995 nach Christus lesen lassen. Verrückt, oder? Aber wer sich darauf eingelassen hat, konnte sich mit Erschrecken konfrontiert sehen mit der Relativität der eigenen Lebenszeit. Irgendwann hörst du dein Geburtsjahr. Eine der Zahlen, die folgen, wird dein Todesjahr sein.

Zeit ist begrenzt, meine Lebenszeit, deine Lebenszeit. Alles, was wir sehen, ist der Vergänglichkeit ausgesetzt. Gott dagegen überdauert unsere Erfahrungen und Horizonte, unsere Zeitvorstellungen und Auseinandersetzungen. Das ist beruhigend. Die Vergänglichkeit macht uns nicht gleichgültig, sondern ermutigt, Spuren des Reiches Gottes zu legen in der begrenzten Zeit, die wir haben. Denn: Wir sind rechenschaftspflichtig vor Gott dafür, wie wir diese Zeit gestalten. Und wir dürfen diese Zeit auch als Geschenk sehen.

Viele Menschen weichen dem Gedanken an Trauer, an Tod und Sterben aus. Sie haben eine solche panische Angst vor dem Tod, dass sie ihn ignorieren. Ist es nicht letztlich trostreich, dass Himmel und Erde, wie wir sie jetzt kennen, vergehen? Es wird ein Ende haben mit all den Kriegen, all dem Hunger, all dem Blutvergießen. Ja, weder wir noch unsere Erde werden ewig bleiben. Es ist klug, sagt die Bibel, wenn uns das bewusst ist.

„Ehe denn die Berge wurden und die Erde und die Welt geschaffen wurden, bist du Gott von Ewigkeit zu Ewigkeit" (Psalm 90,2). Ein Fernsehmoderator sagte mir einmal, er fände dieses „von Ewigkeit zu Ewigkeit" völlig sinnlos. Aber gerade drin liegt ja eine Ermutigung! Gottes Wort bleibt. Da gibt es Irrungen und Wirrungen von Menschen. Die Geschichte ist für uns oft unerklärlich. Die Zeiten verändern sich rasant. Menschen leben in völlig verschiedenen Kontexten … Haben wir den Mut, uns der Vergänglichkeit sowohl der Erde als auch des Himmels zu stellen?

Wer an Gott glaubt, kann das. Das Alte, Himmel und Erde, die wir sehen und erkennen, wird vergehen … Gottes Wort aber steht fest über alle Zeiten hinweg. Gottes Hand lässt uns nicht los, auch da nicht, wo wir scheitern, auch dann nicht, wenn wir sterben. Während wir sehnsüchtig auf die neue Welt hoffen, in der Tränen und Leid ein Ende haben, blickt Gott von neuem her auf uns. Er selbst kommt uns entgegen, die Zukunft ist sein.

Wir sind Eingeladene

Joachim Wanke

Es gibt unterschiedliche Arten des Wartens in meinem Leben: unangenehmes Warten bei Zahnarzt; ärgerliches Warten, wenn ein Zug sich verspätet hat; besorgtes Warten, wenn eine wichtige Nachricht sich verzögert. Warten und Warten ist eben nicht dasselbe. Auf eine Prüfung wartet man anders als auf eine Freundin, ein Gerichtsurteil erwartet man anders als das Herannahen eines Weihnachtsfestes …

Wir warten auf dieses und jenes, auf eine Gehaltserhöhung, auf den Abschluss der Ausbildung, auf einen Arbeitsplatz, auf den nächsten Urlaub, auf unbeschwerte Festtage. Jeder Mensch wartet auf etwas.

Das unterscheidet uns vom Tier – wir leben stets aus einer Hoffnung, mag sie noch so klein sein. Die Frage ist nur, worauf wir warten dürfen. Auf „etwas" – oder auf „jemanden".

Im biblischen Gleichnis von den zehn Jungfrauen (Matthäus 25,1–13) wird der Bräutigam erwartet, die Hochzeit, das „Fest" – in der Sprache der Bibel ein Bild für das Kommen Gottes am Ende aller Geschichte. Für mich offenbart sich darin der tiefste Sinn meines Lebens: ein zum Fest Eingeladener zu sein. Jesus selbst ist die „Einladungskarte", die Gott uns hat zukommen lassen: Er ist der Einladende und die Einladung. Er ist nicht nur vor zweitausend Jahren gekommen, sondern er kommt jetzt, hier und heute.

Vielleicht wird es für Sie und mich in nächster Zeit heißen: „Der Bräutigam kommt! Geh ihm entgegen!" Es ist wichtig, dass wir das Öl der Erwartung in unserem Leben nicht ausgehen lassen. Es ist wichtig, dass wir das Licht im

Herzen brennen lassen: „Ja, Herr, dich habe ich erwartet – hol mich hinein in deine Freude!"

Ich möchte Ihnen eine Übung vorschlagen, wie wir das Licht in unserem Herzen am Brennen und Leuchten halten können: Ich lade Sie ein, jeden Tag vier Worte zu beten. Für mich persönlich sind sie „Haltegriffe" für mein Gebet und mein Leben. Sie lauten: „Miserere – Amen – Alleluja – Maranathá".

Miserere – das heißt: Erbarme dich, Herr! Erbarme dich meiner Schwachheit.

Amen – das heißt: Ja, so sei es! Ja, ich nehme mein Leben an aus deiner Hand! So wie es ist, ohne zu mäkeln.

Alleluja – das heißt: Lobe den Herrn! Ich freue mich über deine Verheißungen, ich freue mich, dass ich von dir schon die Einladung zum Fest erhalten habe.

Maranathá – das heißt: Herr, komm! Lass aufscheinen, was ich jetzt nur mühsam glauben kann: dass du der Herr bist.

„Miserere – Amen – Alleluja – Maranathá": Ob diese vier Worte nicht Ihr Gebet werden können?

Eine kleine Falte in der großen Ewigkeit

Katja Boehme

Madeleine Delbrêl (1904–1964) hatte eine eigene, sehr konkrete Vorstellung vom Reich Gottes. Das Reich Gottes stellte für sie den Beginn der „Ewigkeit" und des „ewigen Lebens" in der Gegenwart dar. Dabei war ihr Ewigkeit keineswegs ein abstrakter, zeitferner Bereich, der nichts mit dem Hier und Heute zu tun hätte. Mit dem Begriff „Ewigkeit" umschrieb sie die göttliche Gegenwart, die nicht „oberhalb der Welt schwebend", sondern durch den Glauben schon jetzt zugänglich und dadurch schon im Menschen gegenwärtig ist. Weil sie daher davon ausging, dass sich „das ewige Leben und unser irdischer Lebenslauf tatsächlich zusammenfügen", konnte sie Ewigkeit und Zeitlichkeit als Einheit zusammendenken.

„Wir können durch den Glauben zu diesem ewigen Leben nur gelangen in der Zeit und durch die Zeit" (Madeleine Delbrêl). Die Zeit, die mit Gottes Gegenwart gefüllt ist, bezeichnete sie als eine „kleine Falte in der großen Ewigkeit". Auf diese Weise verwirklicht sich Ewigkeit „in jedem ‚Hier' und in jedem ‚Jetzt' der Zeit".

Im Ewigen atmen

Du hast uns heute Nacht
in dieses Café namens Mondschein geführt.
Du wolltest dort einige Stunden in der Nacht
du in uns sein.
Durch unsere armselige Erscheinung,
durch unsere kurzsichtigen Augen,
durch unsere liebeleeren Herzen
wolltest du all diesen Leuten begegnen,
die gekommen sind, die Zeit totzuschlagen.
Und weil deine Augen in den unseren erwachen,
weil unser Herz sich in deinem öffnet,
fühlen wir, wie sich in uns die schwächliche Liebe
entfaltet gleich einer Rose, wie sie sich weitet
gleich einer grenzenlosen Zufluchtsstätte,
angenehm für all die Leute, die um uns leben.
Das Café ist nun nicht mehr ein profaner Ort,
ein Stückchen Erde,
das dir den Rücken zuzuwenden schien …
Denn die Welt ist kein Hindernis
für die, die für sie beten wollen …
Während du fortfährst,
in ihnen die trostlose Erde zu besuchen,
erklimmen sie mit dir den Himmel;
es ist eine schwerfällige Himmelfahrt:
festgehalten im Schmutz, verzehrt durch deinen Geist,
verbunden mit allen, gebunden an dich,
beauftragt, im Ewigen zu atmen,
darin verwurzelt zu sein wie ein Baum.

Madeleine Delbrêl

6

Zeiten der Stille – Zeit für Gott

Frieden finden

Kommt alle zu mir,
die ihr mühselig und beladen seid;
ich will euch Ruhe verschaffen.

Weisheit der Bibel
Matthäusevangelium 11,28

Ich lausche der Quelle

Wenn ich müde bin
vom Weg zu den Sternen,
um den Menschen in der Nacht
ein bisschen Licht zu holen,
dann setze ich mich in die Stille,
und ich finde dich, mein Gott
Dann lausche ich der Quelle,
und ich höre dich.
Ganz tief in mir selbst
und in allem, was um mich ist,
spüre ich ein großes Geheimnis.

Phil Bosmans

Mit der Stille beginnen

ANTHONY DE MELLO

Jeder Weg zu Gott muss auch ein Weg zur Stille sein. Wenn Sie eines Tages mit Gott vereint sein wollen, müssen Sie mit der Stille beginnen. Stille ist der erste Schritt, um zu Gott zu gelangen und um zu verstehen, dass alle Begriffe und Vorstellungen von Gott unzutreffend sind. Die meisten Leute sind nur nicht dazu bereit, dies einzusehen, und das verhindert oft das Gebet.

Um zur Stille zu gelangen, ist es notwendig, sich seiner fünf Sinne bewusst zu werden, indem man sie benutzt. Das mag vielen von Ihnen absurd erscheinen, ja unglaublich, aber alles, was Sie tun müssen, ist: sehen, hören, fühlen, riechen, schmecken.

Stellen Sie sich vor, ich betrachte einen Sonnenuntergang, und es kommt ein Bauer vorbei und fragt: „Was machen Sie denn da? Sie sind ja ganz weggetreten!" Ich antworte: „Ich bin ganz bezaubert von so viel Schönheit." Und der gute Mann kommt nun jeden Abend und sucht die Schönheit, wo sie steckt. Er sieht die Sonne, den Horizont, die Wolken, die Bäume. Doch wo ist die Schönheit? Er versteht nicht, dass Schönheit keine Sache ist. Schönheit ist eine Art, die Dinge zu sehen. Betrachten Sie die Schöpfung! Nur schauen! Beobachten Sie; aber nicht Ihre Vorstellungen. Betrachten Sie die Schöpfung. Ich hoffe sehr, dass Ihnen diese Gabe zuteil wird, denn Sie werden beim Schauen einen Zustand der Ruhe erfahren, und die Stille wird von Ihnen Besitz ergreifen. Dann werden Sie sehen können.

Ein zweiter Weg, den ich Ihnen empfehlen möchte: die Heilige Schrift. Die Bibel ist ein Hinweis, der Finger, der auf den Mond zeigt. Halten wir uns an ihre Worte, um sie hinter uns zu lassen und zur Stille zu gelangen. Wie? Nehmen Sie diesen Abschnitt aus dem Neuen Testament: „Am letzten Tag des Festes, dem großen Tag, stellte Jesus sich hin und rief: Wer Durst hat, komme zu mir und trinke“ (Johannes 7,37). Wiederholen Sie diesen Satz immer wieder, bis Ihr Herz davon erfüllt ist. Sie brauchen dabei nicht über die Bedeutung der Worte nachzudenken, denn Ihr Herz kennt ihren Sinn.

Und wenn Sie an diesen Punkt des Erfülltseins gekommen sind, werden Sie auf die Worte reagieren. Auf welche Weise? Die einen könnten zum Beispiel sagen: „Wirklich alle und jeder? Meinst du im Ernst, mein Gott, absolut jeder soll kommen? Ob Dieb oder Bettler? Gut, da bin ich also, gib mir zu trinken!“ Andere könnten reagieren, indem sie sagen: „Das glaube ich nicht. Von was für einem Getränk sprichst du eigentlich? Ich bin schon so oft zu dir gekommen, doch noch nie hast du mir etwas zu trinken gegeben.“ Da ist jemand frustriert, zornig, und es ist absolut verständlich, dass er so mit Gott spricht. Es ist ein großes Gebet, denn es drückt das ehrlich aus, was sein Herz bewegt. Ebenso gut könnte jemand auch sagen: „Ich weiß genau, was du mir sagst, Herr, denn du hast mir schon zu trinken gegeben. Hier bin ich wieder, und ich habe Durst.“

Doch es kann auch eine Zeit geben, in der Sie nicht mehr mit Worten reagieren können. Wenn Ihr Herz von Gefühlen überquillt, die so tief und reich sind, dass keine Worte der Welt sie je ausdrücken könnten, ist das Einzige, was Sie tun können, nichts zu tun, tatenlos sich der Stille hinzugeben. Auf diese Weise Gott antworten, jenseits aller Worte, die Sie benutzen könnten. Verharren Sie in dieser Stille, solange Sie nicht abgelenkt werden. Auf diese Weise kann man Worte aus der Heiligen Schrift verwenden, um sie dann zurückzulassen und zur Stille zu gelangen. Lesen, vorlesen, Antworten geben. Nach und nach wird daraufhin Stille einkehren. Und in der Stille werden Sie Gott finden.

Der siebte Tag

Paul Deselaers / Dorothea Sattler

„Gott vollendete am siebten Tag sein Werk, das er gemacht hatte, und ruhte am siebten Tag von seinem ganzen Werk, das er gemacht hatte. Und Gott segnete den siebten Tag und heiligte ihn, denn an ihm ruhte er von seinem ganzen Schöpfungswerk" (Genesis 2,2–3).

„Die Zeiten ändern sich", sagt ein altes Wort. Auch das Zeitverständnis hat sich geändert. Aus dem Sonntag als dem ersten Tag der Woche ist das „Wochenende" geworden. Was verändert sich, wenn sich das Zeitverständnis ändert? Diese Frage ist von größtem Gewicht für das Selbstverständnis von Glaubenden, wenn einmal deutlich geworden ist, dass die „Zeit" als der geheime und auch immer wieder sich offen zeigende Dirigent der Schöpfungserzählung und der ganzen Bibel auftaucht.

Wie zeigt er sich? Dem Werk der sechs Tage folgt noch ein Tag, ein Ruhetag, und zwar nicht irgendein Ruhetag, sondern ein herausgehobener Tag, „der siebte Tag". Er wird in seiner besonderen Beschaffenheit genannt, nachdem die Vollendung von Himmel und Erde festgehalten ist … Gott führt sein schöpferisches Tun zu dessen Ziel, indem er durch seine Ruhe den siebten Tag eröffnet, der ohne jedes weitere Werk Gottes bleibt. Es ist eine Ruhe, die eine heilige Lebendigkeit bei sich bewahrt, die „der Ewigkeit Embryo" (Nelly Sachs) ist. Am siebten Tag geschieht nichts mehr, wohl aber geschieht mit diesem Tag etwas: „Gott segnete den siebten Tag und heiligte ihn." Damit schafft Gott in der Ordnung der Zeit einen großen Zusammenhang für alle. Er setzt den Rhythmus „6 + 1" und schafft so in der Schöpfung einen Raum der Begegnung zwischen Gott und

Mensch. Dieser Raum ist der Verfügungsmacht des Menschen entzogen.

Der siebte Tag als Zeit-Raum wird von Gott gesegnet und geheiligt. Im „Segnen" werden Lebenskräfte in das Gegenüber gelegt. Ausgangspunkt für den Segen ist in der Bibel das zugewandte Angesicht des lebendigen Gottes. Das Geheimnis des Segens, der „Segen des Segens", ist die Beziehung zu ihm. Sie wächst, wo der Raum des Segens betreten wird und der gesegnete Mensch in diesem Zeit-Raum seinerseits sein Angesicht Gott zuwendet.

Indem etwas geheiligt wird, wird es aus dem Umkreis des Alltäglichen herausgenommen und als Gott zugehörig bezeichnet. Der siebte Tag geht dadurch nicht im gestaltlosen Einerlei einer endlosen Kette von Tagen auf, sondern er wird heilig, weil Gott ihn verwandelnd hervorhebt, weil der göttliche Glanz einer neuen Lebensmöglichkeit auf ihm ruht. Segnen und Heiligen geschieht von Gott her immer schon aus Zuneigung zum Menschen. Wer dem siebten Tag mit diesem Vorschuss an Offenheit begegnet und ihm den Platz einräumt in seinem Leben, unterbricht die verrinnende Zeit, die als etwas erscheint, das uns verbraucht, und entdeckt die Zeit als etwas, das uns Anteil an Gott gibt und vollendet. Das ruft geradezu das Herz des Menschen heraus, diese geschenkte Zeit zu feiern ... Nichts verhilft so sehr zu einer Klärung der Lebensziele und zu einem am Ursprung orientierten Leben wie das Halten des siebten Tages.

Der christliche Sonntag unterscheidet den ersten Tag der Woche von den übrigen. Vom Sabbat herkommend soll und will auch er der Orientierung dienen wie der Begegnung mit Gott und den Menschen. Da wird seine Bestimmung freigelegt, denn er ist ein Tag, der „für den Menschen da" ist (Markus 2,27).

Aufbruch in Gottes Zukunft

Karl Kardinal Lehmann

Jeder Sonntag erinnert die Christen an die Zuwendung Gottes zur Welt. Diese Botschaft erreicht nicht zuerst und allein den Einzelnen, sondern Jesus Christus ruft die oft ängstlichen, versprengten Jünger aus ihrer Vereinzelung zusammen und schenkt ihnen einen neuen Raum des Miteinanders, der Hoffnung und der Liebe. Jeden Sonntag hört die christliche Gemeinde den ermutigenden Ruf Jesu Christi wie am Auferstehungstag: „Der Friede sei mit euch!" …

Der Ruhetag ist schon im Alten Bund Vorspiel des neuen Himmels und der neuen Erde. Er ist nicht nur ein Tag des dankbaren Gedenkens, sondern vor allem auch ein Tag der Hoffnung: Einmal wird die volle Freiheit, ungetrübte Freude, endgültiges Heil sein; kein Tod und keine Träne wird mehr sein …

Mitten in der Vorläufigkeit und Vergeblichkeit des Menschenlebens ist der Herrentag ein Vorschein unzerstörbaren Lebens und der kommenden Welt. Die junge Christenheit konnte diese Hoffnung aufgreifen, denn in der Auferweckung Jesu Christi ist die Herrschaft Gottes schon angebrochen. Der Sonntag ist also bereits „der Anfang einer anderen Welt" (Barnabasbrief 15,8). So sehen die Christen in der Feier des Sonntags den Aufbruch in die Zukunft Gottes hinein.

Eine Viertelstunde stricken

Anselm Grün

Zu dem Metropoliten Anthony kam einmal eine alte Dame, die klagte, dass sie trotz häufigen Betens nie ein Gefühl der Gegenwart Gottes habe. Der Metropolit gab ihr den Rat, sie brauche die nächsten Wochen überhaupt nicht zu beten, sie solle vielmehr einfach eine Viertelstunde dasitzen, den Frieden in ihrem Zimmer erspüren und sich an ihm freuen und dann vor Gottes Angesicht stricken. Nach einer Zeit kam sie wieder und erzählte: „Es ist ganz merkwürdig. Wenn ich zu Gott bete, genauer, wenn ich zu ihm spreche, fühle ich nichts, doch wenn ich still dasitze, ihm gegenüber, dann fühle ich mich in seine Gegenwart eingehüllt."

Benedikt versteht das Gebet ähnlich als ein ständiges Leben vor den Augen des göttlichen Beschauers. Wir müssen nichts leisten, sondern wir sind vor ihm, und alles, was wir tun, tun wir vor seinen liebenden Augen. Das gibt unserem Leben eine andere Dimension ...

In dieser Gegenwart Gottes, im stillen Verweilen vor ihm, da wächst auch die Liebe zu ihm. Es ist eine sehr menschliche Stille, Stille vor Gott, Stille vor Christus. Es ist wie bei einer Freundschaft. Man verweilt vor ihm, gemeinsam mit ihm, man ist da, ohne Absicht, frei von allem. Die Freude an der Gegenwart des anderen genügt. So kommt man in Gott zur Ruhe, erspürt etwas von der Stille der Ewigkeit.

Kurzes Gebet für gehetzte Männer

Peter Modler

„Ehre sei dem Vater und dem Sohn und dem Heiligen Geist wie im Anfang so auch jetzt und allezeit und in Ewigkeit. Amen.“ Ebenso wie am Anfang der Zeit, so wirkt Gott auch jetzt und heute und er wird auch dann noch wirken, wenn es keine Zeit mehr gibt.

Angesichts lauter Eilig-Wichtig-Jetzt-Sofort-Botschaften, die Männer tagaus, tagein bei ihrer Arbeit zu hören bekommen, kann das ein tiefer Trost sein. So wichtig und eilig vieles daherkommt (und es ist ja auch tatsächlich vieles dringend), so entlastend ist es doch auch zu wissen, dass es einen Herrn der Zeit gibt – und der ist nicht mein Chef, nicht mein Aufsichtsrat, nicht mein Kunde oder mein Kollege.

„Wie im Anfang ... und in Ewigkeit“ ist ein sperriger Gedanke, der die kleine Zeiteinheit, die ich gerade noch überblicken kann, in den Rahmen setzt, in den sie gehört. Damit kann man erst einmal kurz Luft holen.

Dieses kurze Gebet ist, wenn man es ernst nimmt, eine Vorbeugung gegen jeden Infarkt.

Die aber, die dem Herrn vertrauen
laufen und werden nicht müde,
sie gehen und werden nicht matt.
Jesaja 40,31

Seltsam

ich nehme mir Zeit
und Kraft fürs Gebet
und habe mehr Kraft
und Zeit

ich richte mein Tun
auf dich hin aus
und mein Handeln
verändert sich

du dringst ein und nichts
ist mehr so wie es war
Wichtiges wird unwichtig
Unwichtiges wichtig

du stellst mein Leben
auf den Kopf

und ich
lasse mich

ich gebe mich
dir

Andrea Schwarz

Zeit-Tipps fürs Gebet

STEFAN JÜRGENS

Christen beten nicht deshalb, weil es effizient ist oder weil sie damit Glück und Segen „produzieren" können. Dann käme es ja beim Beten auf Leistung an. Beten mit himmlischer Dividende ist ein ganz schlimmer Aberglaube. Christen beten, weil sie darin ihre Beziehung zu Gott zum Ausdruck bringen, ohne genau zu wissen, was es bei Gott bewirken mag. Es geht ihnen nicht um Produktion, Zweck und Nützlichkeit, sondern um Liebe, Schönheit und Beziehung.

Wenn sich eine Familie zum Abendessen trifft, so gibt sie sich dafür auch keine Tagesordnung; es muss nichts dabei herauskommen. Nicht die Themen sind wichtig, nicht das Ergebnis, sondern dass man einfach zusammen ist (isst) und Beziehung erlebt. Und gerade Beziehung lebt von Äußerlichkeiten.

Das wurde mir im Gespräch mit einer Eheberaterin mehr als deutlich; sie sagte mir: „Liebe braucht fortdauernde Pflege. Es gilt etwas für die Liebe zu tun, damit sie lebendig bleibt. Denn von selbst wird eine Beziehung nur eins: schlechter. Liebe braucht Pflege. Liebe braucht die alltägliche Umsetzung in kleine Schritte und sichtbare Zeichen." Und dann sprach sie von „fünf Pflegehinweisen für eine gelingende Ehe und Partnerschaft", die sie jungen Paaren manchmal an die Hand gibt:

1. Nehmt euch morgens zwei Minuten Zeit zum Austausch über die Frage: Was steht heute bei mir und dir an?

2. Lasst euch am Abend mindestens 15 Minuten Raum und Zeit, um vom Erleben des Tages zu erzählen.

3. Konzentriert euch fünf Minuten am Tag darauf, dem anderen etwas Positives zu sagen. Es soll fünfmal mehr Lob als Kritik geben.

4. Gebt einander mindestens fünf Minuten Körperkontakt.

5. Nehmt euch innerhalb einer Woche Zeit für ein längeres partnerschaftliches Gespräch über anderthalb bis zwei Stunden.

In jeder Beziehung trägt das Äußere. Das konnte ich bei der Eheberaterin lernen. Wenn Glauben und Beten Beziehung bedeuten, dann kann man ihre fünf Pflegehinweise direkt auf das Gebet übertragen.

1. Ein kurzes Morgengebet – aussprechen, was mich heute erwartet.

2. Ein längeres Abendgebet – den Tag vor und mit Gott reflektieren

3. Gott loben steht im Vordergrund – vor allem Klagen und Bitten.

4. Glauben braucht kleine und große Zeichen – Symbole und Sakramente.

5. Der Sonntagsgottesdienst.

Gebet ist Beziehung, und Beziehung lebt von außen nach innen. Menschen überfordern sich deshalb, wenn sie meinen, das Gebet müsse ganz von innen her kommen; es müsse erfüllend sein, ein ganz besonderes Erlebnis. Wer so denkt, lässt es schnell wieder bleiben. Beten ist überhaupt keine Kunst, sondern eher ein Handwerk. Und wenn es nicht gelingen will, dann nehme man sich trotzdem die Zeit und tue weiter nichts.

Zeit mit Gott

Johannes Bours

So hatte ich ihn in Erinnerung, den fast Achtzigjährigen: eine zarte Gestalt, das Gesicht und die Hände von Vergeistigung wie durchsichtig geworden. Er war seit Jahren blind. Nur unter Schmerzen konnte er sich bewegen. Nach seinem Tod fand man die Bitte: das Wort für seinen Totenzettel, der beim Begräbnis verteilt wird, solle heißen „Benedicite omnes lacrimae Dominum – All ihr Tränen, preist den Herrn!"

Er hat seine Bibel gut gekannt. Wie oft hatte er in ihr das Preislied gelesen, in dem es heißt:

Preist, Sonne und Mond, den Herrn.
Preist, ihr Nächte und Tage, den Herrn.
Preist, ihr Meere und Flüsse, den Herrn.
Preist, ihr Menschenkinder, den Herrn …

Aber die Tränen sind nicht darunter in diesem Preislied. Die fügte er hinzu: „All ihr Tränen, preist den Herrn!"

Das Wort, von seinem Leben her glaubwürdig geworden, erinnert mich an eine Erfahrung, die mancher Glaubende wohl schon gemacht hat, die auch der kaum noch Glaubende oder nicht mehr Glaubende machen kann. Eine seltsame, ungereimte Erfahrung.

Ich möchte diese Erfahrung beschreiben, wie sie mir jemand mitteilte, der sie selber gemacht hat. Er ist Journalist, gefordert von einem harten Arbeitstag. Er sagte: Mein Glaube und meine Glaubenspraxis waren immer mehr an den Rand gedrängt worden. Manche Verbitterung war da. Es gab keine Zeit und bald auch keine innere Bereitschaft mehr zur Besinnung, geschweige denn zum Beten. Da bekamen wir unser erstes Kind. Unsere Freude war unbeschreiblich. In dieser Freude kam spontan in mir ein Danken zu Gott hin auf, immer wieder. Bald fragte ich: Warum tust du das nur jetzt? Warum tust du es nicht auch sonst? Von dem Tag an begann ich öfter, wenn es mir einfiel, in den Ereignissen und Erlebnissen, ein Wort der Lobpreisung zu Gott hin zu sagen, nicht eigentlich in einem formulierten Wort, sondern in einer Art innerer Bewegung, die etwa bedeutet: Gott, ich danke dir! Gott, du bist gut!

Seitdem ich es tue, hat sich mein Leben verwandelt. Manchmal schon kommt mir das innere Wort der Preisung zu Gott hin in den Sinn bei einem Ereignis, das Last und Sorge ist. Ich habe den Eindruck, dass mein Vertrauen gewachsen ist, dass ich gelernt habe, durch den Vordergrund der Ereignisse hindurch einen Hintergrund zu ahnen, der mir dieses Vertrauen auf eine geheimnisvolle Weise zuspricht. –

Ob das ein Weg für uns sein kann? Auf die kleinen Zeichen achten, die immer wieder gegeben werden, und dafür danken! Eine bereitwillige Aufmerksamkeit und in ihr ein inneres Wort der Danksagung, der Lobpreisung zu Gott hin!

Mitten aus den Problemen heraus Gott loben

Henri Nouwen

Wenn ich mir nach den sieben Monaten, in denen ich im Trappistenkloster mitlebte, die Frage stellen würde: „Hat es geklappt, bin ich meine Probleme losgeworden?", hieße die schlichte Antwort: „Es hat nicht geklappt, meine Probleme sind dadurch nicht gelöst worden." Und ich weiß, dass es auch in einem Jahr, zwei Jahren oder selbst einem ganzen Leben als Trappistenmönch nicht „geklappt" hätte.

Denn Klöster baut man nicht, um darin Probleme zu lösen, sondern um Gott aus all seinen Problemen heraus zu loben.

Ich hatte das schon die ganze Zeit gewusst, aber ich musste dennoch zu meinem alten geschäftigen Leben zurückkehren und wieder mit meinem alten rastlosen Ich konfrontiert werden, um das wirklich zu glauben …

Warum bin ich überhaupt ins Kloster gegangen? Noch weiß ich es nicht ganz genau. Dennoch kann ich sagen, dass ich eine überaus kostbare Erinnerung daran bewahrt habe, die sich in allem, was ich tue oder zu tun gedenke, ständig weiter entfaltet. Es ist für mich unmöglich, künftig zu leben, ohne mich an den Schimmer der Güte Gottes zu erinnern, der mir in meiner Einsamkeit aufgegangen ist; an den Lichtstrahl, der in meine Dunkelheit gedrungen ist; an die zarte Stimme, die in mein Schweigen hinein gesprochen hat; an die sanfte Brise, die mich in meinen stillsten Stunden angerührt hat. Mitten in all meinen Zwängen, Illusionen und Einbildungen, die geblieben sind, wird mir diese Erinnerung immer gegenwärtig sein, um falsche Träume zu verscheuchen und mir Hinweise für den richtigen Weg zu geben.

Beten mit dem Tagebuch

JOACHIM WANKE

Ich habe ein ganz persönliches Tagebuch, in das ich mir das eine oder andere Ereignis eintrage, Geschehnisse aus der großen Welt der Politik, der Gesellschaft, aber auch persönliche Dinge, Begegnungen, Erfahrungen.

Manchmal nehme ich mir in einer stillen Stunde diese Aufzeichnungen vor. Und dann stehen manche Situationen wieder vor meinem inneren Auge. Personen werden lebendig, ich erinnere mich an bestimmte Ereignisse der Vergangenheit, die mir damals wichtig waren. Aber es ist merkwürdig: Im nachträglichen Betrachten erhalten diese Dinge oftmals eine veränderte Bedeutung. Sie sind gleichsam in ein anderes Licht getaucht, vermutlich deswegen, weil eben all das, was sich weiter in meinem Leben und im Leben der Welt abspielte, sich über das Damals lagert und es neu, manchmal tiefer verstehen lässt.

Ich muss sagen, das sind Augenblicke, wo ich leicht ins Gebet kommen kann. Es ist, als ob Gott mir dann die Gnade schenkt, meinen beschränkten Horizont auf seine Pläne und Absichten hin ein wenig zu erweitern.

Zeit für Inventur

Andrea Schwarz

Im Moment bin ich in einer Aufräum- und Wegwerfphase. Aber die bezieht sich interessanterweise nicht auf den jetzigen Zustand meiner beiden Schreibtische (so wünschenswert das wäre!), sondern auf manche Stapel von Papier, die im Keller lagern und schon zwei Umzüge unbeschadet überstanden haben. Ich schaue alte Aktenordner durch und entscheide bei jedem Brief, bei jedem Blatt Papier neu: aufheben oder wegwerfen? Ich sichte meine Buchbestände, von denen einige wegen Platzmangel auch im Keller ausgelagert sind: aufheben oder wegwerfen? Und es ist spannend zu erleben, von was ich mich jetzt trennen kann, was vor drei Jahren noch nicht möglich war – und was ich immer noch aufheben will und mag.

Da gibt es Briefwechsel mit ehemaligen Freunden, die jetzt den Weg in den Aktenvernichter gehen können, weil mich emotional nichts mehr mit ihnen verbindet. Andere Briefe halte ich in der Hand und denk mir: Da sollte man sich vielleicht noch mal melden. Und es gibt auch den einen oder anderen Brief von einem völlig Unbekannten, der den Ausleseprozess übersteht, weil es ganz schön sein könnte, den Brief in acht Jahren noch einmal zu lesen.

Was ich aufhebe und was ich wegwerfe (das heißt in die Altpapiertonne oder zum nächsten Flohmarkt gebe), das sagt viel weniger etwas über „dasjenige“ aus als vielmehr über mich. Von dem einen kann ich mich lösen, am anderen halt ich mich noch fest. Und da und dort könnte man es ja vielleicht noch einmal probieren.

Was behalte ich, von was löse ich mich? Das ist so eine Art Inventur im persönlichen Leben. Und ich brauche beides: Ich kann nicht alles auf Dauer behalten, dann wird es zu einer unsäglichen Last, die mich nicht mehr beweglich sein lässt. Aber gar nichts zu behalten, alles sofort zu entsorgen – das führt zu einer Bindungslosigkeit, die zum Vagabunden werden lässt. Spannend ist es, diese verschiedenen Impulse in mir auf mein Leben hin zu deuten. Wenn ich neu irgendwohin komme, werde ich in der Regel danach trachten, das, was mir vertraut ist, zu behalten.

In meinem Leben kündigt sich neu, ganz vorsichtig, Abschied an. Und es mag sein, dass ich diesen Abschied jetzt schon mal an den kleinen Dingen einübe, weil ich darum ahne, dass der nächste Abschied heftig wird. Auch Sterben lernt man nicht erst dann, sondern mitten im Leben.

Mag sein, dass dies auch eine Grundhaltung für unseren Glauben sein könnte: Was behalte ich, wovon löse ich mich? Vielleicht stünde ja auch so eine Inventur meines Glaubens einmal an: Was behalte ich, wovon löse ich mich? Ich jedenfalls habe mich verabschiedet von dem Bild eines Gottes, der Buchhalter und Richter ist, ich habe mich verabschiedet von dem Bild einer perfekten Kirche.

Behalten will ich, dass es einen Gott gibt, der mein Leben in Fülle will – und dass die Kirche, so unzureichend sie auch immer sein mag, immerhin das derzeit einzige Gefäß ist, das diesen Glauben weiter gibt. Aber es gilt auch hier, immer wieder Inventur zu machen: Was werf ich weg und was schreib ich ab – und was behalte ich? Und was wäre wertvoll genug, es noch einmal damit zu probieren?

Für alles gibt es eine Zeit … und wenn wir dem Gefühl in uns trauen, wofür es jetzt in unserem Leben an der Zeit ist, dann werden wir wissen, was wir getrost an die Seite legen können und was behaltenswert ist – auch in unserem Glauben.

7

Der wichtigste Tag deines Lebens: heute

Jetzt!

Zeit der Gnade: Jetzt!
Tag des Heils: Heute!

Weisheit der Bibel
nach 2. Korintherbrief 6,2

Von Neubeginn zu Neubeginn

Könnten wir
von Neubeginn zu Neubeginn
gehen, bereit,
den kommenden Tag
als einzigartigen Tag
zu empfangen …

Frère Roger, Taizé

Glück fängt immer heute an

RAINER HAAK

Viele Menschen haben ein hohes Ziel: Sie möchten später einmal richtig glücklich sein. Heute bereiten sie sich darauf vor. Sie arbeiten für ihre Zukunft. Sie sparen auf ein eigenes Haus. Sie warten auf ihren Ruhestand. Später einmal wird alles anders sein.

Und wie oft habe ich Menschen klagen hören, wenn ihr Partner oder ein guter Freund gegangen ist: „Ach, hätte ich die gemeinsame Zeit mit ihm doch besser genutzt!“ oder „Wenn ich sie doch noch einmal in den Arm nehmen könnte!“

Heute ist der Tag, an dem wir uns füreinander Zeit nehmen können. Heute ist die Zeit, miteinander zu reden, zu schweigen, zu träumen und gemeinsam glücklich zu sein.

Ich will mein Leben nicht in eine ferne Zukunft schieben. Ich will es nicht an Bedingungen knüpfen, die erst erfüllt werden müssen. Ich will jetzt leben, den besonderen Wert des Augenblicks erkennen, ihn leben, allein oder gemeinsam, traurig oder froh, enttäuscht oder glücklich. Und ich will im Glück wie im Schmerz die Erfahrung machen, dass ich ein kostbares Kind des Lebens bin.

Wer die Erfüllung seines Glücks immer nur in die Zukunft schiebt, wird vergebens darauf warten. Glück fängt immer heute an und niemals morgen.

Heute musst du leben

Gestern: schon vorbei.
Morgen: kommt erst noch.
Heute: der einzige Tag,
den du in der Hand hast.
Heute musst du leben
Heute musst du glücklich sein.

Phil Bosmans

Das Glück liegt im Augenblick

Wenn man glücklich sein möchte, kann man es augenblicklich sein, denn das Glück liegt im Augenblick.

Anthony de Mello

Solange wir atmen

Joachim Wanke

Unmerklich, aber stetig und unerbittlich versinkt jede Gegenwart in der Vergangenheit. Das Neue wird alt, mag es auch einmal noch so modern und aufregend gewesen sein. Das Geheimnis der Zeit: Keiner kann über sie letztlich verfügen. Nicht wir haben die Zeit, die Zeit hat uns! Sie ist Geschenk und Verhängnis zugleich.

Ich erinnere mich: In meiner Schulzeit hatten wir einen Lehrer, der bei schriftlichen Prüfungen, die über längere Zeit gingen, mitten in die Stille des Schreibens oder Rechnens hinein nach einem Blick auf die Uhr laut verkündete: „Noch dreißig Minuten, noch eine Viertelstunde ... in fünf Minuten wird abgegeben!" Wir saßen da mit unseren halb fertigen Aufsätzen oder Rechenaufgaben – und der eine sagte: „Gott sei Dank, noch habe ich Zeit!", und der andere dachte: „So ein Elend – ich schaffe es nicht mehr. Die Zeit ist viel zu kurz!"

In der Tat: Geschenk und Verhängnis zugleich ist die Zeit! Keinem von uns wird laut gesagt: „Denk daran: noch zwanzig Jahre, noch zehn Jahre, noch ein Jahr ..." Selbst die Ärzte getrauen sich nicht, dem schwer kranken Patienten die offensichtliche Wahrheit zu sagen: „Noch wenige Tage, und dann wird ‚abgegeben'!" Solche Zurückhaltung von Ärzten mag auch richtig sein, aus den verschiedensten Gründen – aber wäre es nicht heilsam, wir würden uns zumindest selbst ab und zu einmal sagen: Noch eine begrenzte Zeit – und dann heißt es: „Abgeben"?

„Könnte ich noch einmal neu beginnen!" Dieses Wort habe ich in seelsorglichen Gesprächen schon manchmal gehört. „Nein, jetzt ist es zu spät, ich habe keine Kraft mehr. Vorbei ist vorbei!" In der Tat, es gibt verpasste Chancen und vertane Möglichkeiten. Von der „rechten Zeit“, vom Kairos, von einem „Jetzt oder nie“ ist auch in den biblischen Texten die Rede. „Als er ihn sah, hatte er Mitleid“, heißt es im Gleichnis vom barmherzigen Samariter. Zwei waren vorübergegangen. Er blieb stehen, zur rechten Zeit. Am Anfang seines Evangeliums fasst Lukas das Wirken Jesu mit den Worten aus dem Buch des Propheten Jesaja zusammen: Er ist gekommen, um Armen, Gefangenen, Blinden und Zerschlagenen eine gute Nachricht zu bringen und ein „Gnadenjahr“ auszurufen: die rechte Zeit, die geschenkte Gelegenheit.

Solange der „Lebensaufsatz“ noch nicht abzugeben ist, kann ich die Zeilen meiner leeren Lebensseiten voll schreiben. Ja, ich kann mein Leben immer noch in die richtige Richtung bringen, um mich dann getrost auf alle Prüfungen einlassen zu können – wenn ich mich an Jesus Christus halte, an sein Wort, an die Zeichen seiner Nähe, die er uns selbst geschenkt hat. Nun gibt es zwischen Prüfungsarbeiten in der Schule und dem, was Gott von uns im Leben erwartet, einen Unterschied: Bei einer Prüfung darf (im Normalfall) der Prüfer nicht helfen – und „Spickzettel“ sind streng verboten! Wenn es aber darum geht, die Prüfung des Lebens zu bestehen, wenn Gott das Ganze unseres Lebens bewertet und begutachtet – da kommt er selbst uns zu Hilfe. Und noch in den letzten „Minuten“ – sprich Jahren, Monaten oder Stunden – kann ein Leben, mag es noch so verkorkst oder schief gelaufen sein – vor Gott in Ordnung kommen. Solange wir atmen, solange wir noch nicht „abgegeben“ haben, dürfen wir hoffen!

Auch unsere Zeit wird ein Gnadenjahr des Herrn sein, ein Jahr, in dem den Armen die frohe Botschaft gesagt und den Zerschlagenen eine neue Freiheit geschenkt wird. Wer glaubt, dem ist die Erfahrung der begrenzten Lebenszeit zwar auch Mahnung und Ermunterung, sie „auszukaufen“

– aber noch mehr wird für ihn die Zeit zum Geschenk, ist sie „Gnadenjahr", unabhängig von allen Kalenderdaten und persönlicher Lebensdauer. Im Grunde ist jede Zeit, die uns geschenkt wird, ein Gnadenjahr – eben in diesem Sinne: Solange wir atmen, dürfen wir hoffen!

Dankbar für den Augenblick

Gott im Himmel weiß von Schuld und Versagen, und doch scheint die Sonne über Gerechte und Ungerechte. Dem Himmel nah – das heißt vielleicht: langmütiger sein, mehr Geduld miteinander haben, ein bisschen himmlische Perspektive in die Mühen des Alltags hineinnehmen. Wir sollten Glück zulassen jetzt und hier; dankbar sein für den Augenblick.

Margot Käßmann

Morgen, Abend, jeder Tag

Unsere Tage zu zählen, lehre uns!
Dann gewinnen wir ein weises Herz
Psalm 90,12

Gott du hast Zeit
und Raum geschaffen
und stellst uns Menschen in diese Welt

jeder Morgen von dir geschenkt
vor uns ein neuer Tag
voll Bangen und Lust
Grenze und Möglichkeit

lass mich jeden Tag neu
in seiner Einmaligkeit erleben
achtsam sorgsam
für das Kleine sein

jeder Abend geschenkter Tag
vor uns die Nacht
lassen und spüren
sich ängstigen und ausruhen

lass mich jeden Abend neu
die Endlichkeit erahnen
mein Tun und Sein in deine Hände geben
lös mich aus meinen Verstrickungen

lass mich wachsam sein
für die Einmaligkeit meiner Tage
lehre mich jeden Tag zu zählen
lehre mich die Kostbarkeit des Lebens

Andrea Schwarz

Dein ist die Zeit

Gesegnet sei er,
der kommt im Namen des Herrn!
Gesegnet seist du, Christus,
der du auch heute
mit deiner Botschaft der Liebe und des Lebens
zu uns kommst.

Bleib bei uns, auferstandener Herr!
Darum bitten wir Tag für Tag.
Wenn du bei uns bleibst,
hat unser Herz Friede.
Öffne unsere Augen,
damit wir die Zeichen deiner unsagbaren Gegenwart
erkennen können.

Dir gehören die Jahre und Jahrhunderte.
Dein ist die Zeit,
Christus,
der du derselbe bist
gestern,
heute
und in Ewigkeit.

Johannes Paul II.

Gesegnet sei dein Dasein

Gesegnet sei den Weg
Monat für Monat
mit all seinen klaren Spuren
und all seinen Verunsicherungen

Gesegnet seien deine Schritte
Woche für Woche
mit all ihrer Lebenskraft
und all ihrer Zerbrechlichkeit

Gesegnet sei dein Mitsein
Tag für Tag
in all deinen Lebensvollzügen
und all deinen Begegnungen

Gesegnet sei dein Dasein
Stunde für Stunde
in all deinem engagierten Wirken
und im lebensnotwendigen Innehalten

Pierre Stutz

Quellenverzeichnis

Adalbert L. Balling, Das große Sonntagslesebuch. Ein Schlüssel zu den Evangelientexten im Kirchenjahr A · B · C. Verlag Herder Freiburg im Breisgau 2004.

Katja Boehme, Madeleine Delbrêl. Die andere Heilige. Verlag Herder Freiburg im Breisgau ²2005.

[Dietrich Bonhoeffer] Brautbriefe Zelle 92 Dietrich Bonhoeffer · Maria von Wedemeyer 1943–1945. Hg. von Ruth-Alice von Bismarck und Ulrich Kabitz. Mit einem Nachwort von Eberhard Bethge. © Verlag C.H. Beck München 1992.

Phil Bosmans, Blumen des Glücks musst du selbst pflanzen. Verlag Herder Freiburg im Breisgau, Neuausgabe ³2004.

Phil Bosmans, Mit allen guten Wünschen. Grußbotschaften für jeden Anlass. Verlag Herder Freiburg im Breisgau, Neuausgabe ²2005.

Phil Bosmans, Gott – meine Oase. Vom Grund aller Lebensfreude. Verlag Herder Freiburg im Breisgau 2006.

Phil Bosmans, Vergiss die Freude nicht. Verlag Herder Freiburg im Breisgau, Neuausgabe ⁵2005.

Johannes Bours, Nehmt Gottes Melodie in euch auf. Worte für die Seele. Verlag Herder Freiburg im Breisgau, Neuausgabe 2005.

Madeleine Delbrêl, Der kleine Mönch. Ein geistliches Notizbüchlein. Verlag Herder Freiburg im Breisgau 1981.

Paul Deselaers / Dorothea Sattler, Es wurde Licht. Die Botschaft der biblischen Schöpfungstexte. Ein „bibel leben“-Buch, hg. von Andrea Schwarz. Verlag Herder Freiburg im Breisgau 2005.

Peter Dyckhoff, Auf dem Weg in die Nachfolge Christi. Geistlich leben nach Thomas von Kempen. Verlag Herder Freiburg im Breisgau ³2005.

Frère Roger, Taizé, Gott kann nur lieben. Erfahrungen und Begegnungen. Edition Taizé im Verlag Herder Freiburg im Breisgau 2002.

Frère Roger, Taizé, In allem ein innerer Friede. Ein Jahresbegleitbuch. Völlig überarbeitete Neuausgabe 2003. Edition Taizé im Verlag Herder Freiburg im Breisgau 2003.

Anselm Grün, Die Freude wird vollkommen sein. Die Botschaft des Paulus an die Christen in Philippi. Ein „bibel leben“-Buch, hg. von Andrea Schwarz. Verlag Herder Freiburg im Breisgau 2005, 68 f. (adaptiert).

Anselm Grün, Mit Herz und allen Sinnen. Jahreslesebuch. Verlag Herder Freiburg im Breisgau, Sonderausgabe 2004.

Rainer Haak, Gebete eines Clowns. Mit Zeichnungen von Thomas Plaßmann. Verlag Herder Freiburg im Breisgau 2005.
Rainer Haak, Gras unter meinen Füßen. 366 gute Gedanken durch das Jahr. Verlag Herder Freiburg im Breisgau 2004.
Johannes Paul II., Meine Gebete für euch. Verlag Herder Freiburg im Breisgau 2004.
Franz Kamphaus, Lichtblicke. Jahreslesebuch. Verlag Herder Freiburg im Breisgau 2002.
Margot Käßmann / Joachim Wanke (Hg.), Bei uns alle Tage. Das Matthäusevangelium als Jahresbegleiter. Mit Aquarellen von Andreas Felger und Auslegungen von Bruder Franziskus Joest. Verlag Herder Freiburg im Breisgau 2004.
Margot Käßmann / Joachim Wanke (Hg.), Heute seine Stimme hören. Das Lukasevangelium als Jahresbegleiter. Mit Aquarellen von Andreas Felger und Auslegungen von Bruder Franziskus Joest. Verlag Herder Freiburg im Breisgau 2003.
Hans Küng / Angela Rinn-Maurer. Weltethos – christlich verstanden. Positionen – Erfahrungen – Impulse. Verlag Herder Freiburg im Breisgau 2005.
Karl Kardinal Lehmann, Frei vor Gott. Glauben in öffentlicher Verantwortung. Verlag Herder Freiburg im Breisgau 2003.
Anthony de Mello, Die Fesseln lösen. Einübung in erfülltes Leben. Neuausgabe. Verlag Herder Freiburg im Breisgau 2005.
Peter Modler, Für Wanderer und Krieger. Männergebete. Verlag Herder Freiburg im Breisgau ^{2}2005.
Henri Nouwen, Ich hörte auf die Stille. Sieben Monate im Trappistenkloster. Herder Spektrum Taschenbuch 2004.
Henri Nouwen, Nimm sein Bild in dein Herz. Geistliche Deutung eines Gemäldes von Rembrandt. Verlag Herder Freiburg im Breisgau ^{15}2005.
Huub Oosterhuis, Ich steh vor dir. Meditationen, Gebete und Lieder. Hg. von Cornelis Kok unter Mitarbeit von Birgitta Kasper-Heuermann und Annette Rothenberg-Joerges.
Karl Rahner, Worte gläubiger Erfahrung. Hg. von Alice Scherer. Neuausgabe. Verlag Herder Freiburg im Breisgau 2004.
Anton Rotzetter, Du Atem meines Lebens. Ausgewählte Gebete. Verlag Herder Freiburg im Breisgau 2005.
Ulrich Schaffer, Sehnsucht. Die Kraft unserer Wünsche. Verlag Herder Freiburg im Breisgau 2005.
Andrea Schwarz, Bleib dem Leben auf der Spur. Geschichten von unterwegs. Verlag Herder Freiburg im Breisgau 2005.
Andrea Schwarz, Und jeden Tag mehr leben. Ein Jahreslesebuch. Mit zwölf illustrierten Monatsseiten von Thomas Plassmann. Verlag Herder Freiburg im Breisgau ^{2}2004.

Christa Spilling-Nöker, Engel verkünden den Frieden. Der meditative Adventskalender. Gestaltet von Margret Bernard-Kress. Verlag Herder Freiburg im Breisgau 2005.

Pierre Stutz, Der Stimme des Herzens folgen. Jahreslesebuch. Verlag Herder Freiburg im Breisgau 2005.

Marjorie Thompson, Christliche Spiritualität entdecken. Einübung in ein bewusstes Leben. Verlag Herder Freiburg im Breisgau 2004.

Markus Thüer (Hg.), Möge der Regen sanft über deine Felder streichen. Irische Segensgebete. Verlag Herder Freiburg im Breisgau ^{4}2005.

Gisela Zimmermann, Ein Engel dir zur Seite. Von stillen Begleitern auf unseren Wegen. Verlag Herder Freiburg im Breisgau, Neuausgabe ^{2}2005.

Textnachweis

S. 15: Schwarz, „Lichtspur der Engel“, in: Dies., Und jeden Tag mehr leben 329.

S. 19: Stutz, „Einmalig sein“, in: Ders., Der Stimme des Herzens folgen 70.

S. 20: Haak, Gras unter meinen Füßen (18. Juli; 30. Juli; 9. August; 29. Sept.).

S. 21: © Vier Türme Verlag, Münsterschwarzach, zit. nach: Grün, Mit Herz und allen Sinnen 14.

S. 22: Dyckhoff, Auf dem Weg in die Nachfolge Christi 88.

S. 23: Zit. nach Thüer (Hg.), Möge der Regen … 11.

S. 24: Schaffer, Sehnsucht 40.

S. 25: Stutz, Der Stimme des Herzens folgen 19; 32–33.

S. 28: Modler, Könige, in: Ders., Für Wanderer und Krieger 34.

S. 29: Schwarz, Bleib dem Leben auf der Spur 168–170.

S. 34: Spilling-Nöker, Engel verkünden den Frieden (13. Dezember).

S. 35: Frère Roger, Gott kann nur lieben 32–33.

S. 37: Rahner, Worte gläubiger Erfahrung 73–75 (gekürzt).

S. 38: Bosmans, Vergiss die Freude nicht 66–67.

S. 39: Kamphaus, Lichtblicke 392; 394.

S. 41: Thompson, Christliche Spiritualität entdecken 136–154 (Auszüge).

S. 43: Stutz, „Mich vergessen“, in: Ders., Der Stimme des Herzens folgen 64.

S. 44: Brautbriefe Zelle 92 Dietrich Bonhoeffer · Maria von Wedemeyer 1943–1945. Hg. von Ruth-Alice von Bismarck und Ulrich Kabitz. Mit einem Nachwort von Eberhard Bethge, 56–57. © Verlag C. H. Beck München 1992.

S. 45: Schwarz, Und jeden Tag mehr leben 185.

S. 47: Nouwen, Nimm sein Bild in dein Herz 147–164 (in Auszügen; adaptiert).

S. 53: Rotzetter, „Tanzen nach Deinem Rhythmus“, in: Ders. Du Atem meines Lebens 99.

S. 54: © Vier Türme Verlag, Münsterschwarzach, zit. nach: Grün, Mit Herz und allen Sinnen 120; 105.

S. 55: Haak, Gras unter meinen Füßen (20. Jan.; 28. Jan.).

S. 56: Schwarz, Bleib dem Leben auf der Spur 159f.
S. 58: Thompson, Christliche Spiritualität entdecken 149.
S. 59: Bosmans, Blumen des Glücks musst du selbst pflanzen 36.
S. 60: Stutz, Der Stimme des Herzens folgen 61.
S. 61: Oosterhuis, Ich steh vor dir 182.
S. 65: Zimmermann, Ein Engel dir zur Seite 96.
S. 66: Bours, Nehmt Gottes Melodie in euch auf 89–91.
S. 68: Balling, Das große Sonntagslesebuch 27.
S. 68: Zit. nach Thüer (Hg.), Möge der Regen … 16
S. 69: Rotzetter, Du Atem meines Lebens 126.
S. 70: Dyckhoff, Auf dem Weg in die Nachfolge Christi 128–132 (Auszug).
S. 72: Deselaers / Sattler, Es wurde Licht 65–68.
S. 74: Schwarz, Und jeden Tag mehr leben 118f.
S. 76: Haak, Gras unter meinen Füßen (23. Febr.; 2. Mai; 17. Nov.).
S. 77: Grün, Die Freude wird vollkommen sein 100–101.
S. 78: © 1964 Margaret Fishback Powers; © Deutsche Übersetzung von Eva –Maria Busch. 1996 Brunnen Verlag Gießen.
S. 79: Oosterhuis, Lied von der Auferstehung, in: Ders., Ich steh vor dir 168.
S. 83: Rahner, Worte gläubiger Erfahrung 90.
S. 84: Grün, Herzensruhe 148–150 (adaptiert).
S. 86: Naegeli, Du hast mein Dunkel geteilt 70–71.
S. 87: Rinn-Maurer, in: Küng / Rinn-Maurer, Weltethos – christlich verstanden 34–38 (gekürzt).
S. 90: aus: Käßmann, „Kleines Lob der Ewigkeit“, in: Käßmann / Wanke (Hg.), Erfüllt ist die Zeit 25–29 (Auszug).
S. 92: aus: Wanke, „Wartestand“, in: Käßmann / Wanke, Bei uns alle Tage, 141–142 (Auszug).
S. 94: Boehme, Madeleine Delbrêl 76–77.
S. 95: Delbrêl, „Liturgie der Außenseiter“, in: Dies. Der kleine Mönch (1978), 83–87 (Auszug).
S. 99: Bosmans, Gott – meine Oase 212.
S. 100: De Mello, Die Fesseln lösen 13–22 (Auszug).
S. 102: Deselaers / Sattler, Es wurde Licht 20–23 (gekürzt).
S. 104: Kard. Lehmann, Frei vor Gott 87; 91.
S. 105: © Vier Türme Verlag, Münsterschwarzach, zit. nach: Grün, Mit Herz und allen Sinnen 156.
S. 106: Modler, Für Wanderer und Krieger 91–92.
S. 107: Schwarz, Und jeden Tag mehr leben 207.
S. 108: Jürgens, Im Gespräch mit Gott 37–38 (gekürzt).
S. 109: Bours, Nehmt Gottes Melodie in euch auf 63–65.

S. 112: Nouwen, Ich hörte auf die Stille 261–263 (gekürzt).
S. 113: aus: Wanke, „Erinnerungen des Herzens“, in: Käßmann / Wanke (Hg.), Heute seine Stimme hören 120–121.
S. 114: © Andrea Schwarz 2005.
S. 116: Haak, Gebete eines Clowns 34–35.
S. 119: Frère Roger, In allem ein innerer Friede 171.
S. 120: Haak, Gras unter meinen Füßen (27. Jan.; 26. Febr.; 9. Juni).
S. 121: Bosmans, Mit allen guten Wünschen 11.
S. 121: De Mello, Die Fesseln lösen 154.
S. 122: aus: Wanke, „Solange wir atmen“, in: Käßmann / Wanke (Hg.), Heute seine Stimme hören 38–39; Ders., „Zeit für Ökumene“, in: ebd. 93.
S. 124: aus: Käßmann, „Kleines Lob der Ewigkeit“, in: Käßmann / Wanke (Hg.), Erfüllt ist die Zeit 26.
S. 125: Schwarz, Und jeden Tag mehr leben 300.
S. 126: Johannes Paul. II., Meine Gebete für euch, 54 f.
S. 127: Stutz, Der Stimme des Herzens folgen 12.

Verzeichnis der Autorinnen und Autoren

ADALBERT LUDWIG BALLING, geb. 1933, Mariannhiller Missionar, Redakteur und Journalist; Autor vieler erfolgreicher Bücher. Biografisches: „Wer sich erinnert, lebt glücklicher. Tagebuchnotizen"; „Menschen, die mir Mut machten. Ein Rückblick in Dankbarkeit und Liebe" (beide: Missionsverlag Mariannhill Würzburg). Zuletzt bei Herder: „Das große Sonntagslesebuch. Ein Schlüssel zu den Evangelientexten im Kirchenjahr" (2004); „Das kleine Sonntagsbuch. 52 Wünsche für ein gutes Jahr" (2006).

KATJA BOEHME, Dr. theol., Hochschuldozentin in Freiburg und ausgewiesene Kennerin der Biografie und Spiritualität Madeleine Delbrêls. Bei Herder: „Madeleine Delbrêl. Die andere Heilige" (^{2}2005).

DIETRICH BONHOEFFER, 1906–1945; ev. Pfarrer und Theologe; Widerstandskämpfer gegen das Hitler-Regime und Martyrer. Weltbekannt sind seine Briefe und Aufzeichnungen aus der Haft „Widerstand und Ergebung". 1992 erschien auch der Briefwechsel mit seiner Braut Maria von Wedemeyer: „Brautbriefe Zelle 92".

PHIL BOSMANS, geb. 1922; kath. Priester und Ordensmann, Begründer des „Bundes ohne Namen". Zahlreiche Veröffentlichungen (Weltgesamtauflage bei geschätzten über 9 Millionen). Zuletzt bei Herder in Neuauflagen erschienen u.a. „In dir liegt das Glück" (2004); „Mit allen guten Wünschen" (2004).

JOHANNES BOURS, 1913–1988, Spiritual am Priesterseminar in Münster und geistlicher Begleiter mit großer Ausstrahlung. Zahlreiche Veröffentlichungen, die zu den Klassikern der spirituellen Literatur zählen. Zuletzt bei Herder: „Nehmt Gottes Melodie in euch auf. Worte für die Seele" (2005).

MADELEINE DELBRÊL, 1904–1964, Sozialarbeiterin, Dichterin und Mystikerin. Begründerin einer missionarischen Frauengemeinschaft in einem kirchenfernen Arbeiterviertel vor Paris. Biografisches: „Katja Boehme: Madeleine Delbrêl. Die andere Heilige" (Verlag Herder Freiburg im Breisgau ²2005). Zuletzt bei Herder „Der kleine Mönch" (⁴2005), „Der kleine Mönch im Alltag" (2005).

Johannes Deselaer, Spiritual am Bischöflichen Priesterseminar in Münster, Gemeindepfarrer und Lehrbeauftragter für Homiletik an der Katholisch-Theologischen Fakultät der Westfälischen Wilhelms-Universität Münster. Zuletzt bei Herder: „Lebensweisheit aus der Bibel. Biblische Männer und Frauen – Inspiration für heute" (2002); zusammen mit Dorothea Sattler: „Es wurde Licht. Die Botschaft der biblischen Schöpfungstexte. Ein bibel-leben-Buch, hg. von Andrea Schwarz" (2005).

Peter Dyckhoff, geb. 1937, Kaufmann, Priester, Psychologe, Theologe, langjähriger Leiter eines Bildungshauses. Kurse und zahlreiche Veröffentlichungen zur christlichen Gebets- und Meditationspraxis und zur aktuellen Bedeutung der mystischen Überlieferung. Bei Herder: „Mit Leib und Seele beten. Die neun Gebetsweisen des Dominikus" (2003); „Auf dem Weg in die Nachfolge Christi. Geistlich leben mit Thomas von Kempen" (³2005); „In der Stille vor dir. Gebete aus dem Geist großer christlicher Mystiker" (2006).

Frère Roger, Taizé, 1915–2005; ev. Pfarrer und Gründer der ökumenischen Bruderschaft von Taizé. Initiator des „Konzils der Jugend", der Europäischen und Interkontinentalen Jugendtreffen und des „Pilgerwegs des Vertrauens auf der Erde". Zuletzt bei Herder: „In allem ein innerer Friede. Ein Jahresbegleitbuch" (2003); „Gott kann nur lieben. Erfahrungen und Begegnungen" (²2004); „Einfach vertrauen. Gedanken und Begegnungen" (2005). Biografisches: Kathryn Spink, „Frère Roger – Gründer von Taizé. Neuausgabe" (2005); Christian Feldmann, „Frère Roger, Taizé. Gelebtes Vertrauen" (2005).

Anselm Grün, geb. 1945; Dr. theol., Benediktiner und Verwalter der Abtei Münsterschwarzach; geistlicher Berater, Begleiter und Autor höchst erfolgreicher Veröffentlichungen. Zuletzt bei Herder: „Engel – Bilder göttlicher Nähe" (zusammen mit Andreas Felger, gemeinsam mit dem Präsenz-Verlag); „Jeder Tag hat seinen Segen. Morgen- und Abendgebete für die sieben Tage der Woche" (2004); „Mit Herz und allen Sinnen. Jahreslesebuch. Jubiläumsausgabe" (2005); in der Reihe „bibel leben": „Die Freude wird vollkommen sein. Die Botschaft des Paulus an die Christen in Philippi" (2005); „Ein ganz Mensch sein. Die Kraft eines reifen Glaubens" (2006).

Rainer Haak, Schriftsteller und Theologe, einer der erfolgreichsten, in zahlreiche Sprachen übersetzten Geschenkbuchautoren. Zuletzt bei Herder: „Gras unter meinen Füßen. 366 guten Gedanken durch das Jahr“ (2004); „Alles wird anders. Ich auch. Ein spiritueller Kompass in Zeiten der Veränderung“ (2005).

Johannes Paul II. (Karol Wojtyla), 1920–2005. Zuletzt bei Herder: „Meine Gebete für euch“ (2003); „Seid ohne Furcht. Worte der Zuversicht“ (2005). Biografisches: Ludwig Ring-Eifel, „Johannes Paul II. Der Mensch – der Papst – das Vermächtnis“ (2005); Christian Feldmann, „Johannes Paul II. Pilger der Hoffnung“ (2005).

Stefan Jürgens, geb. 1968, Geistlicher Rektor des katholischen Bildungszentrums „Kardinal-von-Galen“, Leiter des Exerzitien- und Begegnungshauses „Emmaus“ und Pfarrer der Heilig-Kreuz-Gemeinde in Cloppenburg-Stapelfeld. Seit 2004 Fernseh-Sprecher beim „Wort zum Sonntag“ (ARD) Bei Herder: „Du! Jugendgebete“ (²2004); „Im Gespräch mit Gott. Was Beten heißt und wie es geht“ (2005).

Franz Kamphaus, geb. 1932; Dr. theol., seit 1982 Bischof von Limburg. Zahlreiche Veröffentlichungen, zuletzt bei Herder: „Lichtblicke. Jahreslesebuch“ (2001); „Um Gottes willen – Leben. Einsprüche“ (2004).

Margot Kässmann, Dr. theol., Mutter von vier Kindern. Landesbischöfin der evangelisch-lutherischen Kirche Hannovers. Zuletzt bei Herder (zusammen mit Joachim Wanke): „Heute seine Stimme hören. Das Lukasevangelium als Jahresbegleiter“ (2003); „Bei uns alle Tage. Das Matthäusevangelium als Jahresbegleiter“ (2004); „Erfüllt ist die Zeit. Das Markusevangelium als Jahresbegleiter“ (2005).

Karl Kardinal Lehmann, Dr. theol., Dr. phil., geb. 1936, seit 1983 Bischof von Mainz, seit 1987 Vorsitzender der Deutschen Bischofskonferenz, 2001 zum Kardinal ernannt. Zuletzt bei Herder: „Frei vor Gott. Glauben in öffentlicher Verantwortung“ (2003); „Zuversicht aus dem Glauben. Die Grundsatzreferate des Vorsitzenden der deutschen Bischofskonferenz“ (2006); „Von der besonderen Kunst glücklich zu sein“ (2006).

Anthony de Mello, 1931–1987; Jesuit, geistlicher Begleiter und Autor weit verbreiteter Bücher mit Weisheitsgeschichten und zur Meditationspraxis. Zuletzt bei Herder in Neuausgaben: „Die Fesseln lösen. Einübung in erfülltes Leben“ (2005); etliche Herder-Spektrum-Taschenbücher.

PETER MODLER, geb. 1955, Jura- und Theologiestudium, Ausbildung zum Zimmermann, Umwelt-Aktivist, in Management und Unternehmensberatung tätig. Bei Herder: „Für Wanderer und Krieger. Männergebete" (2005).

ANTJE S. NAEGELI, Theologin mit Zusatzausbildung als Psychotherapeutin (Logotherapie). Zuletzt bei Herder in Neuausgaben erschienen: „Die Nacht ist voller Sterne. Gebete in dunklen Stunden" (⁴2005); „Berührt von deinem Schmerz. Briefe an Menschen, die Leidenden nahe stehen" (2003).

HENRI NOUWEN, 1932–1996; gab eine Karriere als Hochschulprofessor auf und schloss sich der von Jean Vanier gegründeten „Arche"-Bewegung eines gemeinsamen Lebens mit behinderten Menschen an. Zuletzt bei Herder: „Höre auf die Stimme, die Liebe ist. Geistliche Deutung der Geschichte von Jesus" (2003); „Nach Hause finden. Wege zu einem erfüllteren Leben" (2004); „Gebete aus der Stille. Mit einer Einleitung von Anselm Grün" (2005); „In einem anderen Licht. Von der Kunst des Lebens und Sterbens. Hg. von Andrea Schwarz" (2006).

HUUB OOSTERHUIS, geb. 1933; Priester und Dichter; schreibt seit vielen Jahren für die Liturgie der Amsterdamer Studentengemeinde. Zuletzt bei Herder: „Ich steh vor dir. Meditationen, Gebete und Lieder" (2004).

KARL RAHNER, 1904–1984; Jesuit, Theologe, Konzilsberater. Im Verlag Herder erscheint die auf 32 Bände angelegte Gesamtausgabe „Karl Rahner – Sämtliche Werke". In Neuausgaben: „Beten mit Karl Rahner. Bd. 1: Von der Not und dem Segen des Gebetes; Bd. 2: Gebete des Lebens" (2004); „Worte gläubiger Erfahrung" (2004); „Von der Unbegreiflichkeit Gottes. Erfahrungen eines katholischen Theologen" (2004); „Karl Rahner / Andreas Felger, Von der Gnade des Alltags. Meditationen in Worten und Bildern" (2006).

ANGELA RINN-MAURER, geb. 1961, Dr. theol., Gemeindepfarrerin, tätig in der Rundfunkarbeit (SWR 2) und in der Notfallseelsorge. Verheiratet und Mutter eines Sohnes. Bei Herder (zusammen mit Hans Küng): „Weltethos – christlich verstanden. Positionen – Erfahrungen – Impulse" (2004).

ANTON ROTZETTER, geb. 1939; Dr. theol., Kapuzinerpater, Seminarleiter, Dozent; zahlreiche Publikationen. Zuletzt bei Herder: „Der Stern des Messias. Psalmbetrachtungen für die Advents- und Weihnachtszeit" (2004); „Du Atem meines Lebens. Ausgewählte Gebete" (2005).

DOROTHEA SATTLER, Professorin für Ökumenische Theologie und Dogmatik sowie Direktorin des Ökumenischen Instituts der Katholisch-Theologischen Fakultät der Universität in Münster. Zuletzt bei Herder (zusammen mit Paul Deselaers): „Es wurde Licht. Die Botschaft der biblischen Schöpfungstexte. Ein bibel-leben-Buch, hg. von Andrea Schwarz" (2005).

ULRICH SCHAFFER, geb. 1942, seit 1981 freiberuflicher Schriftsteller und Fotograf; verheiratet; Vater zweier Töchter. Die Gesamtauflage seiner Bücher beträgt über fünf Millionen. Zuletzt bei Herder unter anderen „Sehnsucht. Die Kraft unserer Wünsche" (2005).

ANDREA SCHWARZ, Industriekauffrau und Sozialpädagogin, heute in der Seelsorge und als gefragte Referentin tätig; eine der meistgelesenen christlichen Autoren unserer Zeit. Zuletzt bei Herder: „Die Bibel verstehen in 25 Schritten. Ein Durchblick-Buch für Neugierige" (2004); „Ich mag Gänseblümchen. Unaufdringliche Gedanken. Jubiläumsausgabe" (^{25}2005); „Bleib dem Leben auf der Spur. Geschichten von unterwegs" (2005); „Den Weg im Herzen tragen. Ein Begleitbuch für Wallfahrer und Daheimgebliebene" (2006).

CHRISTA SPILLING-NÖKER, geb. in Hamburg, ev. Pfarrerin mit pädagogischer und tiefenpsychologischer Ausbildung. Zahlreiche Veröffentlichungen. Zuletzt bei Herder: „Vom Engel, der die Welt verwandeln wollte" (2003); „Engel an deinem Weg. Mit Bildern von Marc Chagall" (2004); (zusammen mit Margret Bernard-Kress) „Engel verkünden den Frieden. Der meditative Adventskalender" (2005).

PIERRE STUTZ, geb. 1953; spiritueller Begleiter, Dichter und Autor viel beachteter Bücher. Zuletzt bei Herder: „Der Stimme des Herzens folgen. Jahreslesebuch" (2005).

MARJORIE THOMPSON, Leiterin eines Ausbildungszentrums für geistliche Begleitung in Nashville/Tennessee, USA, und geistliche Autorin. Bei Herder: „Christliche Spiritualität entdecken. Einübung in ein bewusstes Leben" (2004).

MARKUS THÜER, geb. 1965; 1986 Eintritt in den Kapuzinerorden. Seit 1988 Leiter des Klosters zum Mitleben in Stühlingen, Südschwarzwald. Bei Herder: „Möge der Regen sanft über deine Felder streichen" (^{4}2005).

Joachim Wanke, geb. 1941; Dr. theol., seit 1981 Apostolischer Administrator, seit 1994 Bischof der katholischen Diözese Erfurt. Zuletzt bei Herder (zusammen mit Margot Käßmann): „Heute seine Stimme hören. Das Lukasevangelium als Jahresbegleiter" (2003); „Bei uns alle Tage. Das Matthäusevangelium als Jahresbegleiter" (2004); „Erfüllt ist die Zeit. Das Markusevangelium als Jahresbegleiter" (2005).

Gisela Zimmermann, geb. 1930; Religionspädagogin und Autorin; viele Jahre in der Erwachsenenbildung tätig. Zuletzt bei Herder: „Ein Engel dir zur Seite. Von den stillen Begleitern auf unseren Wegen" ([3]2004).

Gute Gedanken für jeden Tag

Für jeden Tag ein gutes Wort

Texte von Phil Bosmans, Anselm Grün, Anthony de Mello, Henri Nouwen, Andrea Schwarz

Preiswerte Sonderausgabe im Großdruck:
400 Seiten, gebunden mit Lesebändchen · ISBN 3-451-28817-6

Die fünf Autoren, die dieses außergewöhnliche Jahreslesebuch versammelt, stehen jeder für einen unverwechselbaren Stil, der auf je eigene Weise das Herz berührt und in die Tiefe führt.

PIERRE STUTZ

Der Stimme des Herzens folgen

Jahreslesebuch

400 Seiten, gebunden mit Lesebändchen · ISBN 3-451-28743-9

So viele gute Kräfte warten darauf, wahrgenommen und gelebt zu werden. Tag für Tag folgt Pierre Stutz in diesem Jahreslesebuch mit dem Leser der Spur dessen, was trägt und lebendig macht.

ANSELM GRÜN

Mit Herz und allen Sinnen

Gute Gedanken für jeden Tag

400 Seiten, gebunden mit Lesebändchen · ISBN 3-451-28575-4

Wenige Autoren verstehen es wie Pater Anselm Grün, dem Alltag wieder eine Seele zu geben. Heilsame Gedanken für jeden Tag des Jahres.

ANDREA SCHWARZ

Und jeden Tag mehr leben

Ein Jahreslesebuch

400 Seiten, Halbleinen mit Lesebändchen · ISBN 3-451-28228-3

Ein gutes Wort für jeden Tag: Die Texte von Andrea Schwarz machen Mut, dem eigenen Leben Zeit und Aufmerksamkeit zu schenken.

PHIL BOSMANS

Leben jeden Tag

Ein Jahresbegleiter · Übertragen und herausgegeben von Ulrich Schütz
400 Seiten, Halbleinen mit Lesebändchen · ISBN 3-451-26715-2

Kurze, prägnante Texte für jeden Tag. Hier zeigt sich die Kunst von Phil Bosmans, mit Menschen ins Gespräch zu kommen, sie voller Sympathie und mit Humor unmittelbar anzusprechen.

Vitamine für die Seele

ULI HEUEL
Mut für jeden Tag
365 biblische Meditationen
208 Seiten, gebunden mit Lesebändchen · ISBN 3-451-28896-6
Für jeden Tag ein Bibelwort, eine kurze Betrachtung, ein Gebetsruf – kurze und verständliche Impulse für jeden neuen Tag.

ADALBERT LUDWIG BALLING
Das kleine Sonntagsbuch
52 Wünsche für ein gutes Jahr
128 Seiten, gebunden mit Lesebändchen · ISBN 3-451-28874-5
Ballings liebevolle „Sonntagswünsche" sind kleine Oasen im Alltag, ansprechend und in großer Schrift lesefreundlich gestaltet.

ANDREA SCHWARZ
Ich mag Gänseblümchen
Unaufdringliche Gedanken
96 Seiten, Paperback · ISBN 3-451-28818-4
Der Bestseller von Andrea Schwarz: hier bringt die Erfolgsautorin Lebensgefühl und Sehnsucht unserer Zeit auf den Punkt.

GISELA ZIMMERMANN
Ein Engel dir zur Seite
Von den stillen Begleitern auf unseren Wegen
176 Seiten, gebunden mit Lesebändchen · ISBN 3-451-28491-X
Inspirierende Gedanken, Gedichte und Geschichten von Rose Ausländer, Dietrich Bonhoeffer, Anselm Grün, Dorothee Sölle und vielen anderen.

ANTHONY DE MELLO
Der springende Punkt
Wach werden und glücklich sein
224 Seiten, gebunden · ISBN 3-451-27918-5
Weisheit für Kopf und Herz: der Erfolgstitel von Anthony de Mello. Eine unkonventionelle Anleitung zu einem Leben frei von Zwängen, frei von Enttäuschungen.

HERDER

Spirituelle Impulse

ANSELM GRÜN
Jeder Tag hat seinen Segen
Morgen- und Abendgebete für die sieben Tage der Woche
128 Seiten, Flexcover · ISBN 3-451-28523-1
Anselm Grün leiht den Leserinnen und Lesern Worte, damit sie das, was sie selbst fühlen, Gott sagen können.

ANSELM GRÜN
Dem Alltag eine Seele geben
144 Seiten, Klappenbroschur · ISBN 3-451-28403-0
Wie keinem Zweiten gelingt es Anselm Grün, die Schätze der Tradition für die Gegenwart zu heben und zu übersetzen. Dieses Buch versammelt Leitgedanken für ein vertieftes Leben gerade in der Normalität des Alltags.

ULRICH SANDER (HG.)
Begleitet von guten Mächten
Segensworte für ein ganzes Leben
144 Seiten, gebunden mit Lesebändchen · ISBN 3-451-28610-6
Segensgedanken und -wünsche für viele Gelegenheiten von der Kindheit bis ins hohe Alter – Worte für ein ganzes Leben und für jeden Tag.

HENRI NOUWEN
Gebete aus der Stille
Mit einer Einleitung von Anselm Grün
Neuausgabe, 144 Seiten, gebunden · ISBN 3-451-27554-6
Henri Nouwens „Weg des Herzens" führt aus der Zerrissenheit des modernen Lebens zu einem Herzen voll Dankbarkeit. In seiner Einleitung erschließt Anselm Grün die Wurzeln dieses großen Meisters des Gebets.

BENEDIKT XVI.
Wer glaubt, ist nie allein
Worte der Ermutigung
128 Seiten, gebunden mit Lesebändchen, vierfarbig mit Abb.
ISBN 3-451-28871-0
Ein Lesebuch, das die Spiritualität des neuen Papstes erschließt – kurze Betrachtungen, zusammengestellt mit Abbildungen der sakralen Kunst, führen in die Mitte des Glaubens.

Umschlagmotiv:
© Michael Engler / Bilderberg

www.herder.de
Satzgestaltung:
SatzWeise, Föhren
Druck und Bindung:
fgb · freiburger graphische betriebe
www.fgb.de
Gedruckt auf umweltfreundlichem,
chlorfrei gebleichtem, säurefreiem Papier
Printed in Germany

ISBN-13: 978-3-451-28895-1
ISBN-10: 3-451-28895-8